本书获贵州省教育厅重点教改项目“面向行业、校企合作培养空乘专业应用型人才的研究与实践”（黔教办高[2009]435号）资助。

黄咏 编著

形体训练

Physical Training

WUHAN UNIVERSITY PRESS
武汉大学出版社

图书在版编目(CIP)数据

形体训练/黄咏编著.—武汉：武汉大学出版社,2013.8(2021.1 重印)
ISBN 978-7-307-11364-0

Ⅰ.形…　Ⅱ.黄…　Ⅲ.形体—健身运动　Ⅳ.G831.3

中国版本图书馆 CIP 数据核字(2013)第 166132 号

责任编辑:胡　荣　　　责任校对:黄添生　　　版式设计:马　佳

出版发行：**武汉大学出版社**　(430072　武昌　珞珈山)
(电子邮箱：cbs22@ whu.edu.cn　网址：www.wdp. com.cn)
印刷:武汉市宏达盛印务有限公司
开本:787×1092　1/16　印张:11.5　字数:270 千字　插页:1
版次:2013 年 8 月第 1 版　2021 年 1 月第 6 次印刷
ISBN 978-7-307-11364-0　定价:28.00 元

前　言

改革开放以来，随着我国四个现代化的高速发展、国内外社会交往的频繁、人民生活水平的提高，人们对形体美有了更加迫切的要求。形体美可以展现人们的文化修养、展现人们优美而挺拔的体态、展现人们温文尔雅的气质。而优美的体态需要进行科学的训练和长期的系统培养。芭蕾舞演员的挺拔体态被公认为是人体美的最高境界，这种形体正是通过科学而严格的长期训练所形成的。专家们用人体力学分析了形体训练的科学性，认为“一位”由于支撑面很小，人体的稳定性很差，必须依靠下肢和臀部肌肉的紧张才能保持平衡，臀部肌肉紧张骨盆就会直立。骨盆是脊柱的基座，骨盆前倾就会出现弯腰驼背的姿势，它是由臀部肌肉所控制：肌肉松弛，骨盆前倾；肌肉紧张，骨盆直立。以上论证，说明了形体训练的科学性，为此，在训练中要有明确的目的性，力求使每个动作规范化，才能避免盲目性，达到锻炼的实效。形体训练正是根据科学的原则，把舞蹈、健美操、艺术体操、体操、芭蕾组合起来在音乐伴奏下的操练，通过操练达到增进健康、培养正确的体态、陶冶美的情操的一种训练手段。

本书共分四章。第一章，对形体训练的内容及分类、目标及要求、形体美的评价与标准等进行了全面的描述。第二章，根据人体的解剖特点，从上到下地将形态训练的基本练习进行了详细的描述，同时根据形态的基本动作进行了不同形式及人体不同部位的组合。第三章，根据姿态训练的练习形式由浅入深、由易到难地将姿态练习归纳为地面练习、把杆练习、中间姿态、跳跃和小技巧、行进间步伐练习及各种姿态组合练习。第四章，对气质的概念、生理基础、类型及训练方法进行了专门的阐述，并对素养的建立和礼仪的培养作了专门的分析与论述。本书的阐述由浅入深、由易到难、图文并茂，可作为学校形体训练课的教材和广大形体美爱好者的理想读物。

本书获贵州省教育厅重点教改项目“面向行业、校企合作培养空乘专业应用型人才的研究与实践”（黔教办高［2009］435 号）资助。

黄　咏

2013 年 7 月 14 日

目 录

CONTENTS

第一章 形体训练概述

第一节 形体训练的概念、作用与方式

形体训练是以形态练习、姿态练习、气质练习为主要内容和手段，对练习者进行美育教育，塑造优美形体，培养高雅气质的身心培育过程。

一、形体训练的特点

以人体科学原理为指导，以特定的身体练习为基本手段，以发展形体专项素质为基础，以完善体型、姿态为重点，将培养学生良好的个性和气质贯穿于教学活动的全过程，这是形体训练的主要特点。

为了正确把握形体训练的特点，我们来比较一下它与艺术体操、舞蹈的异同。

形体训练与艺术体操、舞蹈的主要相似之处在于：

(1) 以身体活动为主要形式，都是通过反复的身体练习掌握“三基”，发展身体。

(2) 含有美育的因素，陶冶情操。

(3) 具有健身、健心的双重作用。

它们的区别在于：

艺术体操是徒手和手持轻器械在音乐伴奏下进行的以自然性和韵律性动作为基础的体育运动项目。

舞蹈是以经过加工创造的形体动作表达人们的思想感情、反映现实生活的一种艺术形式。它既是身体活动，又是自身的表现。

形体训练则是通过徒手或器械等专门的综合性练习，为达到形体美的目的而进行的有计划、有组织的教育过程。

由此可见，艺术体操具有专门性和竞技性，重在技、艺结合；舞蹈侧重娱乐性、表演性，重在情、动结合；形体训练则强调教育性、基础性与功利性。它们之间既有联系，又有区别，但形体训练是艺术体操和舞蹈的基础。

二、形体训练的作用

形体训练对练习者身心的健康发展具有积极的促进作用，主要表现在以下两个方面：

（一）生理功能

1. 健身功能

形体训练是以身体练习为基本手段的身体活动。这一特点，决定了它与其他体育活动一样，对人体的各主要器官系统都起着良好的锻炼和调节作用。

经常参加形体训练，可以改善中枢神经系统的功能，使神经活动过程的强度提高，使身体保持旺盛的精力；经常参加形体训练，可以提高心血管系统、呼吸系统、消化系统等内脏器官系统的机能，并使主要实施这些系统的器官——心、肺等在构造上发生有益的变化，增强机体活动能力；经常参加形体训练，还有益于肌肉、骨骼、关节的匀称与和谐发展，促使青少年运动系统工作能力的提高。

2. 健美功能

健美的含义有两点：一要健康，二要符合人体美的标准。也就是说，在骨骼形态、肌肉、体型、姿态等方面基本符合规定的审美要求。形体训练独特的练习内容使它在塑造健美形体方面起着其他体育活动不可取代的作用。

长期坚持形体训练，可以使身体各部位的肌肉协调、均匀发展；可以减少体脂，控制体重；可以使青少年形成正确的身体姿势；可以克服身体自然形态的不足，矫正畸形和不良姿态，等等。

总之，通过形体训练，不仅能够增强身体素质，提高健康水平，同时还能塑造体型、姿态，使形体健美，永葆青春活力。

（二）心理功能

1. 深化对生活的理解，培养健康向上的审美情趣

形体训练是由一系列的身体练习构成的。通过反复的、多样的、不间断的训练，能极大地提高练习者对各种刺激的适应能力和对信息的反应能力，以及对生活中美好事物的深刻感知能力。当你通过艰苦的努力获得了美的形体、美的表现力时，就不难领悟这样的道理：只有热爱生活、不懈追求，才能创造美，才能显示生命的价值。

2. 增强自信心，重新认识自我，从自身中获得新的力量

健美的身体对自己是一种良性心理刺激，会使人更加朝气蓬勃、奋发向上，并对情绪和性格产生积极的影响。由于形体训练使你体魄强健、精力充沛、气度不凡，你就不会再为自己形单体薄、精神萎靡而怨天尤人、自惭形秽。坚持形体训练的人一般都能正确认识和评价自己，坚信自己的力量，满怀信心地迎接各种挑战。

3. 磨炼意志，培养坚毅顽强的性格

要想坚持不懈地进行形体训练，必须时刻与自己身上可能出现的娇气、任性、散漫、脆弱、惰性等不良性格作斗争。因此，获得形体美的过程往往也就是战胜自我、品格升华

的过程。

三、形体训练的方式

形体训练的内容和方式多种多样。随着《全民健身计划纲要》的颁发，全民健身的热潮正在全国各地相继涌起，形体美成了广大女性热衷的追求，形体训练是舞蹈、健美操、艺术体操、体操、芭蕾等项目的基础，通过这些练习方式均可获得健美的形体和优雅的体态。例如，舞蹈是一种综合性的人体动态造型艺术，它以经过提炼、组织、美化了的人体动作为主要艺术手段，在一定的空间和时间内，通过连续的人体动作过程和不断流动变化的队形，结合音乐、舞台美术等艺术手段，表现人的内在深层的精神世界——细腻的情感、深刻的思想、鲜明的性格和人与自然、人与社会、人与人之间以及自身内部的和谐统一，以表达人们的审美情感、审美理想，反映生活的审美属性。通过舞蹈训练不仅可以发展学生身体的协调性、柔软性、灵活性，培养良好的身体姿态，而且还可以提高学生的表现力、鉴赏力，陶冶情操，形成良好的人际关系，对促进学生身心全面发展有着重要作用。

又如健身操是以人体自身为对象，以健美为目标，以身体练习为内容，以艺术创造为手段，融体操、舞蹈、音乐于一体的一项新兴的娱乐性、观赏性体育项目。健美操顾名思义，是以健身美体为主要特点的运动项目，其内容丰富、简单易学、变化繁多，不受年龄、性别、场地、器械的限制，可使全身各关节和各部位的肌肉都得到充分的活动，各部位的肌肉得到均衡的发展，塑造出良好的体态。

健美操作为一种运动项目，除了具有一般体育活动共有的锻炼身体、增进健康、增强体质的作用外，对女子减肥和改善体态，提高韵律及身体协调性有着特殊的作用。它不仅强调健而且强调美，把体育与美融为一体，可陶冶美好的情操。

综上所述，形体训练是获得形体美的主要途径。通过形体训练可以塑造最佳的自我形象，增强自信心，为今后步入社会参与竞争，展露才华创造条件。同时，还能使自己从美好自身、完善自我开始，进而去美化生活、美化社会。

第二节　形体训练的内容及分类

一、形体训练的内容

形体训练形式多样，训练内容丰富，包括芭蕾舞、现代舞以及其他体育项目中的有关身体练习内容。如古典芭蕾中的把杆系列动作，现代舞中舞姿舞态的训练，体育项目中的健身操、健美操，竞技体操及杂技中的一些小技巧动作练习等，均为形体训练提供了丰富的素材。根据形体训练的练习形式及要求，我们把形体训练的内容分为徒手练习和功房练习两大部分，见图 1-1。

- 形体训练的内容
  - 徒手练习
    - 把杆系列动作练习
    - 姿态练习
    - 步伐练习
    - 基本动作练习
  - 功房练习
    - 持器械练习
    - 利用器械练习

图 1-1

（一）徒手练习

徒手练习包括把杆系列动作练习，如下肢外开、外展等发展腿部肌肉的柔韧性及力量练习，胸、腰部柔韧性及灵活性的练习，头部动作的练习。通过把杆训练能有效地培养练习者良好的用力习惯，能有效地控制身体；而姿态练习则是有目的地进行专门的姿态动作的培养与训练，通过专门的动作使练习者逐步学习并体会动作要求，进而达到练习的目的；步伐练习则是培养练习者灵活及敏捷的动作，培养他们对自身姿态的控制；基本动作练习则是一些专门性的有针对性的动作练习，如针对某一部位的力量性单一的练习或提高身体机能性的练习等。通过这些专门性的动作训练，能提高练习者身体的机能能力，达到健身、健美的目的。

（二）功房练习

功房练习是指在练习馆内利用一定的器械进行的形体练习。功房练习包括持器械练习和利用器械进行练习两大部分。持器械练习是指手持一定的器械进行有针对性的练习。此部分练习大多是对身体某一部位进行专门性的练习，如持具有一定重量的哑铃进行增强上肢力量的练习，或用拉力器进行背部肌肉及上肢肌肉的力量训练。而利用器械的练习，大多选用一些大型的综合器械进行全面的身体素质及机能的训练。这些练习一般是在专业教师的指导下进行的。它要求有周密详细的训练方案和训练进度，并有针对性地进行训练，继而达到练习要求。总之，形体练习的内容极为丰富，练习者可根据自己的情况在专业教师的指导下进行有选择的训练。

二、形体训练的分类

根据形体训练的目的，我们把形体训练分为形态训练、姿态训练和气质训练三大类。从图 1-2 中可以看出形态训练主要是针对身体各部位的专门练习，促进骨骼的生长发育，改进身体各部位围度的比例，使身体的外部线条更趋优美、圆润。而姿态训练则是针对人的站、立、行等各种基本动作姿态的培养，它包括各类的徒手动作的练习，其中以把杆系列动作及中间姿态动作的训练为主，通过操化性的动作训练来培养练习者正确的动作姿态，形成良好的姿态习惯。气质练习是一个内化的培训过程，它的建立依赖于练习者文化素养的积累与培养。通过气质训练能使练习者内在的素质与外在的身体形态相吻合，使人内外统一，全面发展。

形体训练的分类
- 形态训练：头、颈、肩、上肢、下肢、胸、腰、腹、臀的训练
- 姿态训练：把杆、中间姿态、行进间动作、舞步、操化性动作训练
- 气质训练：内在素养的建立、培养及专门的训练

图 1-2

头颈部练习内容：头的前、后、左、右屈，向左向右绕环；颈部的前后移动、左右移动、左右转动。

肩部练习内容：提肩、沉肩、收肩、展肩、绕环、振肩、扭肩。

上肢练习内容：两臂交替屈伸、两臂屈、两臂屈臂转、臂摆动、手腕练习、臂中绕环、臂大绕环等。

胸部动作练习内容：含展胸、振胸、左右移胸、长跪挺胸、俯卧撑、仰卧推举等。

背部练习内容：俯卧体后屈、俯卧两头起、俯卧上举臂、体前屈举臂。

腰、腹、髋练习内容：体前后侧屈、髋部前后屈，左右送髋。

下肢练习内容：坐撑举腿、屈腿、屈踝、伸踝、踝绕环等。

姿态训练内容：擦地、屈伸、画圈、脚尖步、柔软步、变换步、跑跳步、华尔兹步等。

第三节　形体训练的目标及要求

一、形体训练的目标

形体训练的目标是塑造健美形体，提高审美能力，促进身心协调发展。为实现这一目标，应从以下几个方面努力。

（一）进行全面的形体锻炼，使身体既健又美

人的身体健康意味着生命的活力，意味着无休止的追求与创造，意味着生机勃勃。所以，健与美密不可分。健美首先是健，健是美的前提和基础。美分为内在美和外在美。内在美是指人的心灵美，即完美的精神世界；外在美则是指人的容貌、行为举止、形体、服饰、发型等的美。人的美应是这两方面的和谐统一。形体训练主要是培养人的形体美，即内在美的形象展现。

15 ~ 20 岁的青少年正处于身体发育的最佳时期，生长发育日趋成熟。因此，在形体训练中，应根据自己身心的发展特点，有目的、有意识、有计划地选择练习内容和练习手段，促进全身的骨骼、肌肉得到良好发育，使身体各部位匀称、丰满，从而改善形体自然状态的不足；同时，应根据性别特征与专业特点，有针对性地发展相关的身体素质，提高生理机能水平，以此强健体魄；在进行姿态训练的同时，更要进行气质训练，使其具有优雅得体的气质。只有这样，才能适应当今和未来社会的需要。

（二）掌握形体训练的基础知识、基本技术与技能

形体训练的基础知识、基本技术与技能是科学地进行训练的向导，也是发展练习者智能的基础。通过学习，应明确形体训练的作用、意义和基本要求，掌握形体训练的基本原

则与方法，提高美学素养。

形体训练的基本手段是身体练习，即按照美化形体、发展体能的要求而采用的各种动作练习。练习者只有在反复的身体练习过程中才能掌握完成动作的正确方法和技术，并在经常练习的基础上形成动作技能，获得好的训练效果。因此，在全面锻炼形体的同时，加强“三基”学习，掌握科学的形体训练方法，形成自觉锻炼的习惯和独立锻炼的能力，就显得格外重要。

（三）进行美育教育，陶冶情操，发展良好个性

形体训练是有目的、有组织的教育过程，它不仅影响人的外在形象，还影响人的品格和气质。形体训练的内容丰富，形式新颖多样，但其核心都是展示美、塑造美。因此，它本身就具有培养学生审美趣味、审美能力、审美感受的作用。而且，形体训练是在音乐伴奏下进行的，学生在优美的旋律中通过自己的身体活动来感受美，这无疑是情感的愉悦和最好的审美享受。日积月累，量的变化引起质变，使人在不知不觉中受到潜移默化的影响，达到陶冶性情、美化心灵的目的。此外，美好形体的获得是长期艰苦锻炼的结果，形体训练的过程也就是培养毅力、磨炼意志的过程。正如培根所说：“美是令人倾慕的，但创造美的劳动却是艰辛的，甚至是残酷的。”凡是在训练过程中能够战胜自己、坚持不懈地进行美的追求和勇于实践的人，不仅能获得健美的形体，而且一定能够培养出常人所不及的坚强品格和刻苦精神，使身体的美与心灵的美和谐一致，实现内在美和外在美的统一。

形体训练各途径之间是互相联系、互相促进的统一整体。在形体训练中，只有保证各条途径的顺利畅通，才能保证目标的最后实现。

二、形体训练的要求

（一）保证休息和合理的膳食营养

休息是消除疲劳，使身心得到放松调整，迅速恢复精力的重要措施。休息的方式一是睡眠；二是听音乐，看电影、电视等，进行适度的娱乐性活动。多方面的实验证明，睡眠对于精力的恢复比饮食还重要。因为运动时所消耗的精力和被破坏的局部组织，可以在睡眠中得到补偿和修复，同时，神经系统和内脏器官也可以得到调整。因此，应给自己制定一个兼顾学习、锻炼、休息的合理作息时间表。

营养是保证身体正常能量供应的主要来源，是人类赖以生存的基本条件。营养状况的好坏直接影响着人体的健康。训练后，只有及时摄取和补充适时的、必要的营养物质，才能保证人体健康和正常的活动能力。青少年生长发育速度快，代谢过程旺盛，在进行形体训练之后更需要科学、合理地选择食物，平衡膳食，全面摄取人体必需的营养素——蛋白质、脂肪、糖、维生素、矿物质和水等物质。切忌偏食、厌食，保证正常身体发育和训练所需营养物质的量和质，为形体训练提供物质保证。

（二）掌握科学合理的学习方法

为了实现形体训练的教学目标，教师要采用科学的“教”的方法，练习者也要采用相应的“学”的方法。“学练法”就是在实践中得以证明的一种科学的学习方法，即指在一定的学习环境中，在教师的指导下，按照一定的计划，独立地进行自学和自练的方法。

常用的学练法有以下几种：

1. 模仿法

充分运用视、听和肌肉的本体感觉，采用阅读书刊及动作图解或者观察别人（教师、学生等）演示的动作模式，独立进行模仿，从而感知、体会和理解动作方法、要领。

2. 比较法

通过练习，自我观察（照镜子）和相互观察，进行对照、比较，确定正误动作，并自我矫正，不断改进和提高动作质量。

3. 重复练习法

这是指按照教师布置的动作练习及其各种要求，重复进行某个练习的方法。

4. 变换练习法

这是结合自身特点和实际情况，改变练习要素，如动作速度、速率、动作幅度、动作方向或组合方式，反复进行练习的方法。

5. 念动法

念动练习是指学生有意识地、系统地在脑海中重复再现已形成的动作表象，熟练和加深动作印象的记忆方法。

6. 简图强化法

布置课后作业，让学生把所学动作的名称、动作做法，逐步用简图表示出来，在画简图的过程中，学生对动作的名称、顺序、要领、连接等多次在脑海中重复、再现、模仿、分析，这样可强化记忆，加速学习动作的过程，形成较牢固的动力定型。同时，能节省体力消耗，提高教学质量，熟悉成套动作，改进动作技能，提高动作协调性和运动感觉能力。

7. 手势提示法

手势是身体语言的一种，它是在健美操教学中，教师运用各种手势指导学生完成练习的方法。其特点是直观、简单、明了，有利于学生连贯完成动作。手势提示方法主要运用于成套操的复习及巩固阶段。通过手势引导，提示学生按顺序、方向、要点完成动作，保证学生能将整套操连贯、完整地完成。

8. 只示范，不讲解

如果学生有一定基础，动作又比较简单，可只示范，提出要求即可，不必讲解。

9. 只讲解、不示范或先讲解后示范

如果为了培养学生的独立思考能力，加深对动作的理解，亦可只讲解、不示范或先讲解后示范。

10. 先示范、后讲解

如果动作比较复杂，应首先让学生能建立起正确的动作表象，然后再讲解。

11. 一边慢动作，一边讲解

如果是对初学者，学习比较复杂或较困难的动作，可采用边慢示范、边讲要求、边让学生跟着模仿做的方法。

12. 乐曲激情法

在教学开始时，教师选择优美、动听的乐曲让学生们听，同时讲解音乐，引导学生去欣赏音乐，了解音乐的风格，掌握音乐的节奏速度和节拍，使学生能理解音乐的特点，丰富对音乐的感受。

13. 健美激情法

教师在教学前，先在音乐的伴奏下，用优美大方、充满活力的动作把教学的内容或套路，完整地示范给学生，给学生以美的享受，激发学生的学习热情。

14. 自编、自创法

在掌握单个基本动作的基础上，自编、自创组合或成套练习动作。

第四节 形体美的评价与标准

一、形体美的内涵

形体，是指人身体的形态、体态，它由体格、体型、姿态三个方面构成。

体格指标包括人的身高、体重、胸围等。其中，身高主要反映骨骼的生长发育状况，而体重反映骨骼、肌肉、脂肪等重量的综合变化状况，胸围则反映胸廓的大小及胸部肌肉的生长发育状况。所以，身高、体重、胸围被列为人体形态变化的三项基本指标。

体型是指身体各部分的比例，如躯干上、下之间的比例，身高与肩宽的比例，胸围、腰围、臀围之间的比例等。体型主要决定于骨骼的组成与肌肉的状况。达·芬奇曾说："美感完全建立在各部分之间神圣的比例上。"由此可见，体型是否美，主要取决于身体中部分发展的均衡与整体的和谐统一。

姿态是指人坐、立、行等各种基本活动的姿势。人体的姿势主要通过脊柱弯曲的程度，四肢、手足以及头的部位等来体现。正确、优美的姿势不仅影响着人的形体美，还能反映出一个人的精神面貌与气质。可以说姿态是展现人的"内在美"的一个重要窗口。

从构成形体美的要素不难看出，即使从自然美的法则、从人体外观判断，形体美也是一种综合的整体美。它既包含了人体外表形状、结构的美，又包含了人体在各种活动中表现出来的姿态美、动作美。然而，人不仅是自然的存在物，还是社会的存在物，人体美必定是自然美与社会美的统一。如果一个男子身体匀称、肌肉结实、步伐矫健、姿势挺拔，但他言语粗俗、举止庸俗、态度狂傲，你能称他为美男子吗？他能给人们以美的感受吗？充其量只能让人产生"绣花枕头"的感觉罢了。正如别林斯基所说："人的外表的优美和纯洁，应是他内心的优美和纯洁的表现。"德国启蒙时期的思想家莱辛也曾说："美丽的灵魂可以赋予一个并不优美的身躯以美感，正如丑恶的灵魂会在一个漂亮的躯体打下某种特殊的、不由得使之厌恶的烙印一样。"此外，形体美塑造的成功有赖于动机、目标、审美标准；有赖于训练内容、方法、途径的选择；有赖于严格遵守生活作息制度、良好的生活习惯及合理的膳食结构。而这些都受内在的素质美的影响和制约。因此，我们认为，在大力提倡素质教育和进行社会主义物质文明建设与精神文明建设的今天，强调形体美的内外统一更具有时代性和现实意义。

二、影响形体美的主要因素

（一）身体和体重

人的体型美，主要取决于身高与体重的比例是否协调。一般说来，身高较多地依赖于遗传，而体重以及受体重制约的胸围、腰围、臀围等则受后天的影响较大。因此，塑造体型美，就必须遵循人体生长发育的规律，在遗传因素所允许的范围内，根据自身的条件，通过控制肌肉和脂肪这两个可变的因素，使身体各部分的多余脂肪得以消除，增长、结实必要的肌肉，从而使身体协调、匀称。

（二）姿态美

姿态美与体型美关系密切，在日常生活中，体型美需要通过优美的姿态来展现。例如，躯干正直的人与腰部松垮的人自由站立时给人的观感就有明显差异。前者由于良好的姿态可以充分表现体型美，而后者由于腰部塌下、腹部挺出、肌肉松弛，只会给人体型不美的感觉。

形成姿态美，脊柱是关键。因此，应特别注意脊柱形态的形成，培养正确的坐、立、行的基本姿势。

形成姿态美，还必须通过严格的形体训练，建立正确姿势的动力定型并矫正不良的、错误的姿势。

（三）动作美

动作美是形体美的一种表现形式，动作美之中蕴涵着姿态美。姿态有动有静，如坐、立、卧、蹲表现出静态时的姿势，而走、跑、跳等就表现出动态时的姿势。无论是静态还是动态，都要在完成动作时轻松、协调、准确、敏捷、高效益，才可显示出动作美。

英国的弗朗西斯·培根曾说："状貌之美胜于颜色之美，而适宜并优雅的动作之美又胜于状貌之美。"

（四）气质美

气质是人的高级神经活动类型特点在行为方式上的表现。在日常生活中，气质通常是指人的典型而稳定的个性特点、风格和气度。由此可见，气质美拟虚非虚，看似无形，实则有形，反映在一个人对待现实生活的态度、个性、自我调整能力和言行特征等方面。正所谓一举手、一投足可有天壤之别。它既可能展示出人的端庄、典雅，也可能表现出人的猥琐和俗气。正由于气质美是内在美自然、真实的流露，所以气质美可以使体型美、姿态美、动作美达到更高的境界，使人具有永久的魅力。

气质的形成虽与人的体质、神经类型、遗传等生理特征有关，但最终要受后天的环境（自然环境、社会环境）、家庭条件、文化教育、自身修养的影响。因此，只要在加强形体训练和提高体型美、姿态美、动作美的同时，全面提高自己的文化素养、道德修养、美学素养，才能具有气质美。

（五）营养

营养是影响形体美的重要因素。美的形体是通过训练得到的。没有科学合理的营养，就不能保证人的正常生长发育。训练后，不能及时地补充营养，也就无法弥补由于训练所造成的能量损耗，形体训练的效果也就无从谈起。只有保证科学合理的营养补充，才有可能获得美的形体。

三、形体美的基本要求

人的形体美，主要决定于美的基本法则。所以，对形体美的基本要求是：五官端正，肤色红润，皮肤细腻并有光泽；生长发育良好，脊柱正直，双肩对称，以骨骼为支架构成的人体各部分比例匀称、适度；肌肉均衡发达、线条清晰、富有弹性；姿态规范、端庄。

美国艺术史家潘诺夫斯基深刻地指出：美，不在于各种成分，而在于各个部位和谐的比例。数学家、艺术大师笛卡儿也说："恰到好处的适中与协调就是美。"在现实生活中，身体高矮，身体胖瘦，美与不美，关键是看比例是否恰当。比例失调不能产生美感，比例适中则给人以和谐匀称的美感，"环肥燕瘦"就是典型的例证。此外，一个人尽管体型很美，却病态奄奄，站无站相，坐无坐相，走起路来耸肩弓背、摇头晃脑，又怎能让人产生美感呢？这就告诉我们，姿态美对充分表现体型美，烘托体型美起着重要作用。因此，在鉴别与评价形体美时，练习者必须着眼于整体，全面综合地分析。而在塑造自身的形体美时，则要根据自己的自然条件，从整体美的角度出发进行形体训练，才能实现美化形体的愿望。

四、形体美的一般评价标准

普列汉诺夫曾说："绝对的美的标准是不存在的，并且也不可能存在。"这是因为，在人类历史的发展过程中，形体美的标准是变化的，即使是同一时代的人，由于民族特点、种族差异、地理环境、审美习惯的不同，标准也不尽相同。所以，只能根据国内外专家、学者对形体美的研究成果，提出以下相对的评价标准。

（一）形态美

（1）体重标准。

标准体重计算公式：

男性标准体重（千克）=［身高（厘米）-100］×0.9

女性标准体重（千克）:［身高（厘米）-105］×0.95

$$肥胖度（\%）=\frac{实际体重-标准体重}{标准体重}\times100\%$$

肥胖度在±10%范围内为正确，在11%～20%为过重，超过20.1%则为中度肥胖。

（2）男子以股骨大转子为中心，上下身长相等；女子以肚脐为界，上下身比例为5∶8。

（3）男女两臂侧举时的长度等于身高。

（4）男女两肩的宽度，约等于1/4身高。

（5）男女大腿长等于1/4身高（女子两腿长度加上足长应大于1/2身高）。

（6）男子胸围约等于1/2身高加5厘米；女子胸围不小于1/2身高。

（7）男子腰围约小于胸围18厘米；女子腰围不大于1/2身高。

（8）男子臀围等于胸围；女子臀围约大于胸围2～3厘米。

（9）男子大腿围约小于胸围22厘米；女子大腿围约小于腰围8～10厘米。

（10）男子小腿围约小于大腿围18厘米；女子小腿围约小于大腿围18～20厘米。

（11）男子脚腕围约小于小腿围12厘米；上臂围约等于1/2大腿围；前臂围约小于上臂围5厘米；颈围等于小腿围。

（二）姿态美

1. 立姿：挺拔、亭亭玉立

要求两腿直立并拢，双肩平而放松，两臂自然下垂，挺胸收腹，夹臀，立腰、立背、立颈，下颏微收，双目平视。

2. 坐姿：端庄优美，温文尔雅

女子两膝并拢，男子双膝可稍分开，略窄于肩宽。要求腰背挺直，肩放松，挺胸，脊柱与臀部成一直线，微收下颏，两眼平视前方。

3. 走姿：自然稳健，风度翩翩，以标准立姿为基础

走时头与躯干成一直线，目视前方，步位正确，步度基本一致，双臂自然摆动，重心平稳。

（三）气质美

男性的气质美主要表现为阳刚气概——壮美。阳刚气概的主要特征为：刚毅、顽强，善于自制；勇敢沉着，当机立断；胸襟开阔，豁达大度；粗犷豪放，待人诚恳；目光远大，勇于进取。

女性的气质美主要表现为阴柔之美。它的主要特征是：优雅娴静、温和、柔顺、体贴、细腻、深情、宽容、纯真、善良等。

而聪慧、机智将逐渐成为男女共有的气质美的核心。

五、生理负荷的自我评价

每个人的身体状况各异，因而对运动负荷适应能力也有所不同。在形体训练中，一方面应避免运动负荷过大造成身体不适应，另一方面也应防止运动负荷太小而达不到训练效果。因此，每位练习者应掌握判断运动负荷是否适度的方法，以便及时加以调整。

（一）自我感觉

1. 训练后的心情

训练后，如果感觉良好，精力充沛，心情愉快，渴望继续锻炼，说明运动负荷适度；反之，如果浑身无力，精神萎靡，情绪不稳定，对锻炼失去兴趣，甚至厌倦，说明运动负荷过大，应注意减小运动量。

2. 训练后的食欲

训练后，如果食欲良好，说明运动负荷适宜；如果食欲减退，甚至厌食，则为疲劳过度，需减少运动负荷；如果练习前后食欲无变化，则可能是运动负荷偏小，需适当增加运动量。

3. 训练后的睡眠

运动负荷适宜则入睡快、梦少、睡得沉稳，起床后精力充沛；运动负荷过度则失眠、多梦、屡醒，晨起后仍感困乏。

4. 其他不良感觉

运动负荷过大还会伴有头痛、头晕、恶心、气喘、上腹部疼痛等症状以及脸色苍白、四肢无力、肌肉酸痛等现象。只要及时调整运动负荷，适当休息，这些症状及不良感觉将很快消失。

（二）测量脉搏的变化

形体训练，应以有氧代谢为主，中等强度为宜。脉搏能反映运动负荷的大小及身体机

能的状况。训练前应测出安静时的脉搏，并记录下来。训练结束后，迅速测出脉搏，再与安静心率对照。一般情况下：

（1）小强度训练后的脉搏频率为120次/分以下。

（2）中强度训练后的脉搏频率为120～150次/分。

（3）大强度训练后的脉搏频率为150～180次/分。

如果训练后较长时间不能恢复到安静时的脉搏，或经过一阶段的训练，安静时的脉搏频率反而增加，则说明运动负荷过大，机体反应不良。

（三）测量呼吸频率的变化

一般正常呼吸频率为12～18次/分。如果锻炼后10分钟内还未恢复到正常值，说明运动负荷过大。

（四）定期全身测量

每周一次，在相同时间、相同条件下，并运用同一测量方法，进行体重及身体各部围度测量，并记下数据，与训练前测量的数据相对照，以此检查身体变化的情况，进而调整运动负荷或训练方案。

【课后作业】

1. 学习形体训练有什么作用？
2. 形体训练包含哪些内容？
3. 进行形体训练时应注意什么？
4. 评价形体美的因素有哪些？

第二章 形态训练

第一节　形态的基本动作练习

一、颈部动作练习

（一）生理基础

颈部包括颈椎和颈部诸肌肉群。喉部与颈部两侧的肌肉群在脖颈中间构成了一个突起，再往下有一个凹陷，男子比女子更为明显。颈背就是由颈椎上的肌肉组成，一直伸展到头的下部。

（二）颈部练习的作用

通过颈部运动，能促进头部的血液循环和颈椎的正常发育，增进头部营养，消除脑部疲劳，增强颈部肌肉力量，使颈部正直。可防止肌肉松弛和脂肪堆积，减少脸部和颈部的皮肤皱纹（如双下巴、粗脖颈、脂肪重叠、皮皱等）。还可预防和控制颈椎炎、骨质增生等症状。

（三）颈部练习的内容

1. 颈部前、后屈

预备姿势：两腿开立，两手叉腰，目视前方。

动作做法：

（1）颈部前屈，即低头，还原（图 2-1）；接着颈部后屈，即后仰头，还原（图2-2）。

（2）双手交叉握于头后，用力将头慢慢拉向前屈，直到头部前屈至最大程度。然后头后仰，同时两手用力前拉，头对抗后仰（图 2-3）。

动作要求：

（1）头颈自然放松，动作幅度要大，使颈的各部位肌肉充分伸展。

（2）练习时，用力舒缓，动作慢而匀速。重复练习 8～12 次。经常练习可使颈部肌肉力量增强。

2. 颈部左、右屈

预备姿势：两腿开立，两手叉腰，目视前方。

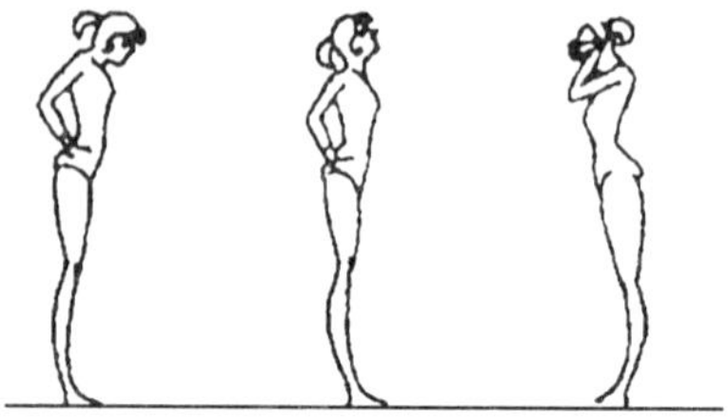

图 2-1　　图 2-2　　图 2-3

动作做法：

（1）头向一侧屈，耳部对准肩，还原。可分为左侧屈和右侧屈（图 2-4）。

（2）左手中指按压右太阳穴，将头往左侧扳，颈部肌肉用力收缩克服左扳力，使头慢慢屈向右侧，控制 3～5 秒后还原。然后换右手向右侧扳（图 2-5）。

图 2-4　　图 2-5

动作要求：

（1）头颈自然放松，动作幅度要大，使颈的各部位肌肉充分伸展。

（2）练习时，肩要下沉。重复练习 4～8 次。经常练习可使颈部肌肉力量增强。

3. 颈部转

预备姿势：两腿开立，两手叉腰。

动作做法：

（1）头向左转 90°，还原（图 2-6）。接着头向右转 90°，还原（图 2-7）。

（2）头向左转，慢慢抬头，控制 5 秒后还原。然后换方向练习（图 2-8）。

动作要求：

（1）头要正，不要前倾或后仰。

（2）练习时，对抗肌要相对放松。重复练习 4～8 次。经常练习可防止颈部肌肉松

图 2-6　　图 2-7　　图 2-8

弛，增强颈部肌肉弹性。

4. 颈部前后平移

预备姿势：分腿半蹲，两手叉腰。

动作做法：头向前平移，颈部向前伸，还原（图 2-9）。接着头向后平移，还原（图 2-10）。

图 2-9　　图 2-10

动作要求：头保持正直，动作幅度尽量要大。重复练习 8～10 次。

5. 颈部左、右平移

预备姿势：分腿站立，两臂屈臂侧举，掌心向上（图 2-11）。

动作做法：头向右侧平移，还原（图 2-12）。接着头向左侧平移，还原（图 2-13）。

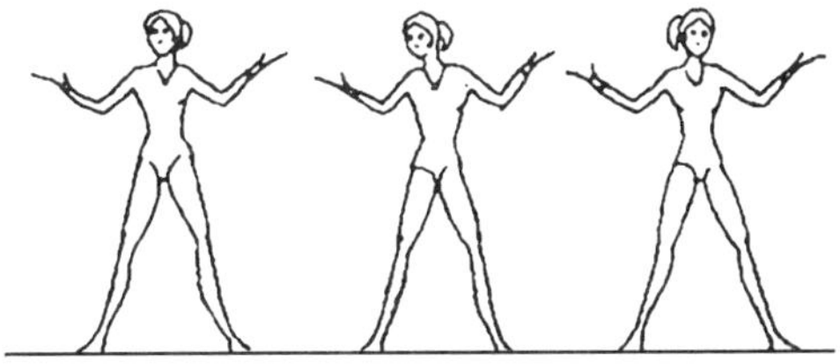

图 2 11　　图 2-12　　图 2-13

动作要求：躯干固定不动，两肩不要提起。重复练习 8～10 次。

6. 颈部绕及绕环

预备姿势：分腿站立，两臂侧平举（图 2-14）。

动作做法：

（1）绕：头先左侧屈，稍抬头后经前屈绕至右侧屈，抬头。然后换方向做（图2-15）。

图 2-14　　图 2-15

（2）绕环：头从一侧屈开始，做经前、侧、后、还原360°的环绕动作（有向左绕环和向右绕环）（图2-16）。

动作要求：绕和绕环时头部运动幅度要大，上体要保持正直。重复练习 4 ~ 8 次。经常练习者可增大头颈部的活动范围。

7. 头顶重物

预备姿势：自然站立。

动作做法：将一适当重量的物体放在头上，头、颈、身体保持平衡，头顶物体步行（图2-17）。

图 2-16

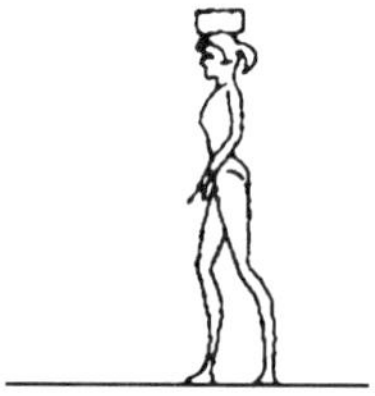

图 2-17

动作要求：努力保持身体平衡，面部表情自然。

（四）注意事项

（1）头位准确，运动时额部先行，速度均匀、缓慢，有控制感。

（2）前后屈颈时，不可妨碍呼吸，而且应尽量深屈。

（3）侧屈、平移、转、绕环时，应尽量加大动作幅度。

（4）练习时，头颈自然放松，身体其他部位应保持正确的姿势。

二、肩部动作练习

（一）生理基础

肩关节是躯干和手臂进行运动的枢纽，一块圆形肌肉（三角肌）环抱着肩关节，从而形成了肩膀的柔和曲线。这块肌肉包括使手臂向前、向侧、向后运动的三组肌纤维，它的均衡发展协调着肩部运动。

（二）肩部练习的作用

肩部练习，可促进胸部肌肉和骨骼的活动，增强胸部的柔韧性，对保持和发展胸部肌肉，促进血液循环，加强呼吸都很有益处。掌握肩的空间位置，训练肩关节的灵活性，是端正仪表、着装和表现优美动作的关键，同时还是预防和医治肩周炎的良方。

（三）肩部练习的内容

1. 提肩、沉肩

预备姿势：分腿站立，两臂自然下垂。

动作做法：

（1）左肩向上提，右肩向下沉（图 2-18）。然后右肩向上提，左肩向下沉（图2-19）。

（2）双肩同时上提，然后同时下沉（图 2-20）。

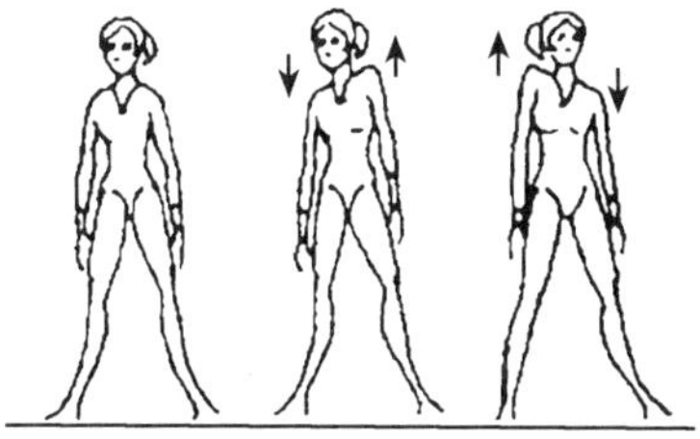

图 2-18　　图 2-19

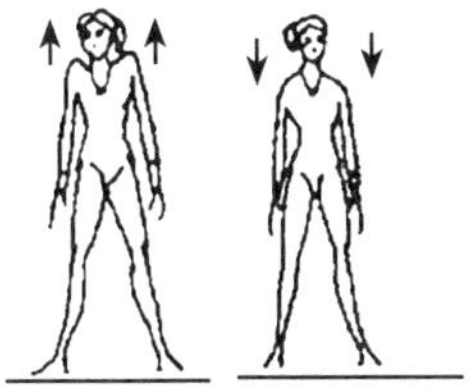

图 2-20

动作要求：两肩在同一平面内做最大限度的上提、下沉动作。重复练习 8 ~ 10 次。经常练习可预防和纠正端肩、斜肩的不良体态。

2. 收肩、展肩

预备姿势：分腿站立，两手叉腰。

动作做法：

（1）两肩同时向内收，稍含胸（图 2-21），然后两肩同时向外展，挺胸（图 2-22）。

（2）分腿半蹲，膝关节向外侧，足头外转，两手支撑大腿。左肩向前收，右肩向后展（图 2-23）；然后右肩向前收，左肩向后展（图 2-24）。

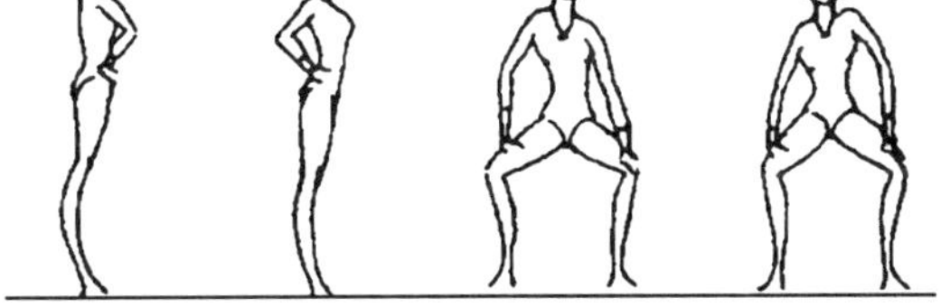

图 2-21　　图 2-22　　图 2-23　　图 2-24

动作要求：收肩、展肩幅度要大，肩部要平动。重复练习 8 ~ 10 次。经常练习可预防和纠正背肩、扣肩等不良姿势。

3. 绕及绕环

预备姿势：分腿站立，两臂自然下垂。

动作做法：

（1）绕：单肩或双肩以肩关节为轴，向前或向后做 360°以内圆周动作（图 2-25）。

（2）绕环：单肩或双肩做以肩关节为轴，向前或向后做 360°以上的圆周动作（图 2-26）。

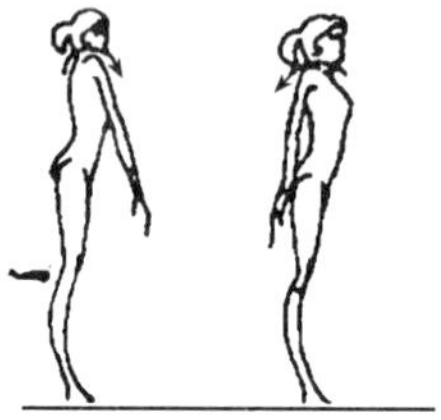

图 2-25

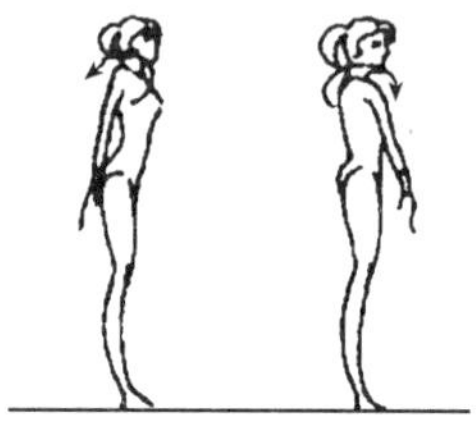

图 2-26

动作要求：绕及绕环时两臂放松，速度均匀、连贯，幅度大。重复练习 8 ~ 10 次。经常练习可增大肩关节的活动范围。

4. 振肩

预备姿势：分腿站立，两手握拳，一臂上举，一臂下垂（图 2-27）。

动作做法：两臂依次上举后振（图 2-28）。

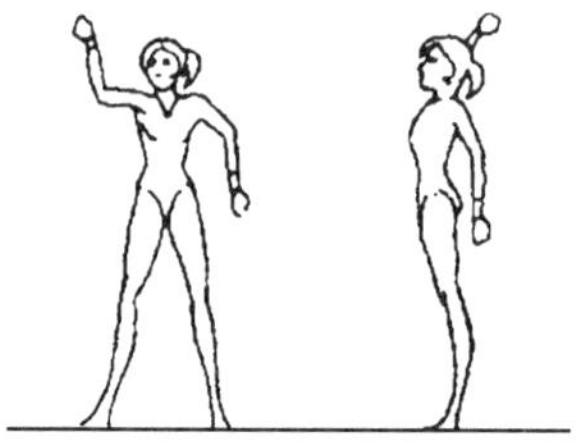

图 2-27　　图 2-28

动作要求：两臂伸直，动作要有力度和弹性。重复练习 8 ~ 10 次。经常练习可增强肩关节的柔韧性。

5. 扭肩

预备姿势：分腿站立，两臂侧平举，一手掌心向上，一手掌心向下（图 2-29）。

动作做法：两肩依次做内扣、外展的动作（图 2-30）。

动作要求：两臂自然放松，不能耸肩，动作要有弹性，幅度大。重复练习 8 ~ 10 次，可变换节奏练习。

图 2-29　　　　图 2-30

6. 负重上举

预备姿势：坐立，手持哑铃，两臂自然下垂，后背贴紧椅背（图 2-31）。

动作做法：直臂交替做前平举、上举练习（图 2-32）。

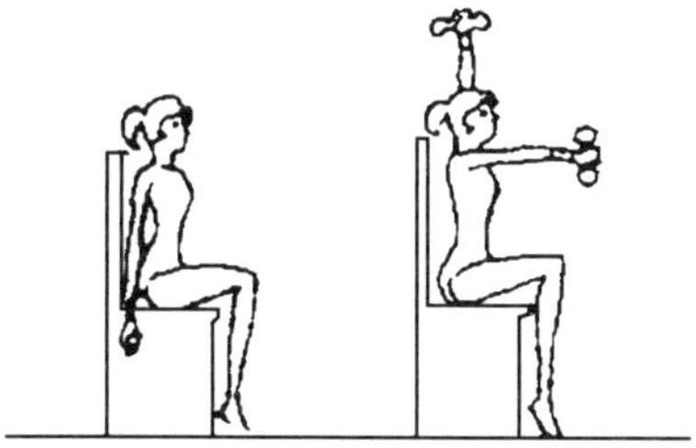

图 2-31　　图 2-32

动作要求：上体始终保持正直。重复练习 16～20 次。经常练习可增强肩关节肌肉（三角肌）力量。

7. 负重平举

预备姿势：自然站立，手持哑铃，两臂自然下垂。

动作做法：直臂前摆，当两臂与肩平行时还原（图 2-33）。接着直臂侧摆，当两臂与肩平行时还原（图 2-34）。

动作要求：身体始终保持正直。重复练习 16～20 次。经常练习可增强肩关节（三角肌）力量。

8. 负重侧上举

预备姿势：自然站立，手持哑铃，两臂自然下垂。

动作做法：直臂经侧摆至上举，还原（图 2-35）。

动作要求：身体始终保持正直，上举、下落动作速度均匀、缓慢。重复练习 16～20 次。经常练习可增强肩关节周围肌肉力量，发达三角肌。

9. 弓身飞鸟

预备姿势：分腿站立，上体前屈，两臂自然下垂（图 2-36）。

动作做法：肘关节稍屈，两臂经侧向上摆动，还原（图 2-37）。

动作要求：练习时臂尽量向侧上方摆动，下落动作要缓慢。重复练习 16～20 次。经

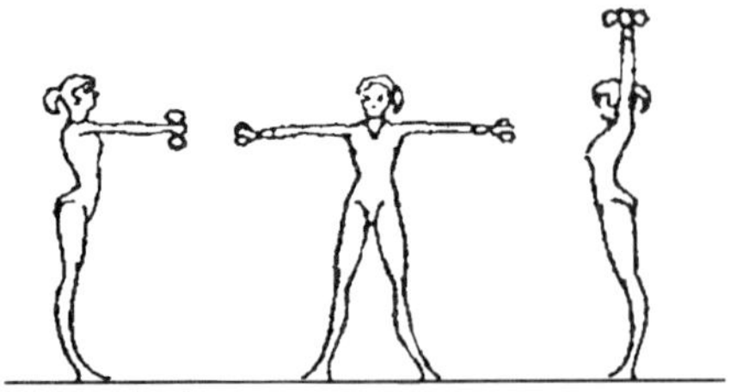

图 2-33　图 2-34　图 2-35

图 2-36　图 2-37

常练习可发达三角肌。

10. 拉力器斜上拉

预备姿势：分腿站立，两手各持拉力器一端于体关，左臂在上，右臂在下，臂伸直(图 2-38)。

动作做法：两臂同时用力将拉力器向斜上方拉开，还原（图 2-39）。完成规定次数后手臂换方向做。

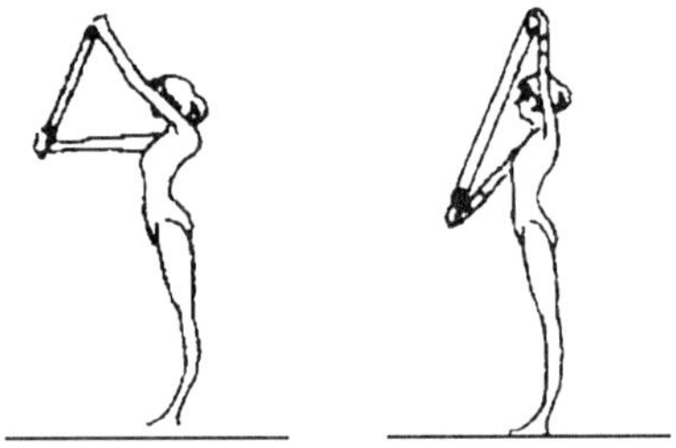

图 2-38　图 2-39

动作要求：身体保持正直。重复练习 8～12 次。经常练习可发达三角肌，增强肩部肌肉力量。

（四）注意事项

（1）做肩部练习时，应努力保持胸和脊椎的正确姿势。除注意动作方法外，还要注意动作的速度。

（2）注意发展肩的柔韧性和力量性。

（3）练习时安排好顺序，一般是柔韧性练习在前，力量性练习在后。

三、上肢动作练习

（一）生理基础

上肢是指人的臂，包括大（上）臂、小臂和手。大臂是由一根肱骨与其附着的两肌肌肉（肱二头肌、肱三头肌）构成；小臂是由尺骨、桡骨与其附着的小臂肌肉群构成；手是由很多小骨和小块肌肉群构成。它们通过肘关节、腕关节连接在一起，共同构成人的臂，通过肩关节与躯体的连接，构成身体的一部分。

（二）上肢练习的作用

在日常生活中，人们通过上肢来完成工作和表达情感，而丰富多彩的上肢动作和造型又是通过手型的变化以及肘关节的屈伸来实现的。经常锻炼上肢，可减少臂部多余脂肪，增强上肢肌肉的力量，使体态更轻盈、敏捷。

（三）上肢练习的内容

1. 两臂交替屈伸

预备姿势：直立，两臂胸前屈，小臂垂直推掌，掌心向前（图2-40）。

动作做法：

（1）左顶髋，右腿屈膝内扣，同时左臂前伸推掌，掌心向前，右肩向后，头稍向左倾。然后换方向做（图2-41）。

（2）左顶髋，右腿屈膝内扣，同时左臂侧举，右臂肩上屈，两手握拳，拳心相对。然后换方向做（图2-42）。

图2-40　图2-41　图2-42

动作要求：动作方向准确，屈伸动作要有弹性和节奏感。练习时可结合各种下肢动作进行。

2. 两臂屈

预备姿势：并腿站立，两臂自然下垂。

动作做法：

（1）并腿半蹲，同时两臂胸前上屈，两小臂平等，拳心向内，然后还原（图2-43）。

（2）左脚向左侧一跨步同肩宽，半蹲，同时两臂体侧平屈，两小臂与地面垂直，拳心相对，还原。然后换方向做（图2-44）。

图2-43　图2-44

动作要求：练习时，大臂与地面平行，注意保持挺胸、收腹、立腰的身体姿势，手臂屈肘位置正确，动作要有力度和弹性。重复练习 16～20 次。经常练习可减少大臂多余脂肪。

3. 两臂屈臂转

预备姿势：分腿站立，右腿微屈，左顶髋，两臂屈臂侧举，前臂与地面平行，掌心向下（图 2-45）。

动作做法：

（1）重心移至右腿，左腿微屈，右顶髋，两前臂向里转，还原成预备姿势。（图 2-46）。

（2）重心移至右腿，左腿微屈，左顶髋，右前臂向外转，掌心向上，左前臂向里转，掌心向下。然后换方向做（图 2-47）。

图 2-45　　图 2-46　　图 2-47

动作要求：收腹、挺胸、腰背挺直，手臂转动幅度要大。练习时可结合脚步移动或变换节奏练习。重复练习 16～20 次。经常练习可减少上臂多余脂肪。

4. 臂摆动

预备姿势：起立，两臂自然下垂。

动作做法：

（1）两臂同时向前、后方向摆动：以肩为轴，两臂向前摆至平举，然后向后摆动，掌心向下（图 2-48）。

（2）两臂同时向左、右方向摆动：以肩为轴，两臂同时做向左侧摆至水平位置，然后再向右侧摆，掌心向下（图 2-49）。

（3）两臂同时做一前一后摆动：以肩为轴，一臂向前摆动至前平举，另一臂同时向右摆至侧后平举，掌心向下（图 2-50）。

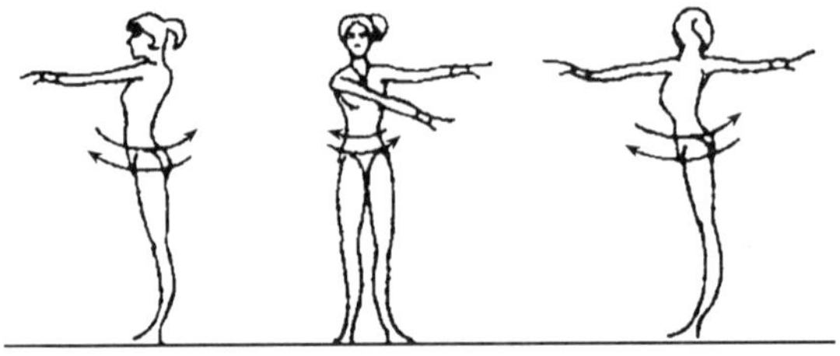

图 2-48　　图 2-49　　图 2-50

（4）两臂同时向内外摆动：以肩为轴，两臂由侧举同时向内摆动至两臂体前交叉（或上举交叉），然后两臂同时做向侧摆动至水平部位（图 2-51）。

（5）两臂同时在体侧一上一下摆动：分腿半蹲，两臂侧平举，左顶髋，同时右臂摆至上举，手心向外，左臂下摆，手心向内。然后换方向做（图 2-52）。

图 2-51　　　图 2-52

动作要求：身体要保持正直，肩关节放松，臂要伸直，动作幅度要大。

5. 手腕练习

预备姿势：分腿站立，两臂自然下垂。

动作做法：

（1）两腿压脚跟一次，同时两臂稍外展后内收，手腕压腕一次。一拍一动连续练习（图 2-53）。

（2）两臂侧下，手腕向内或向外做小绕环动作，结合左、右顶髋，一拍一动（图 2-54）。

（3）两臂前平举，五指上下相对，一掌心向内，一掌心向外，依次上下立腕。结合左右顶髋，一拍一动（图 2-55）。

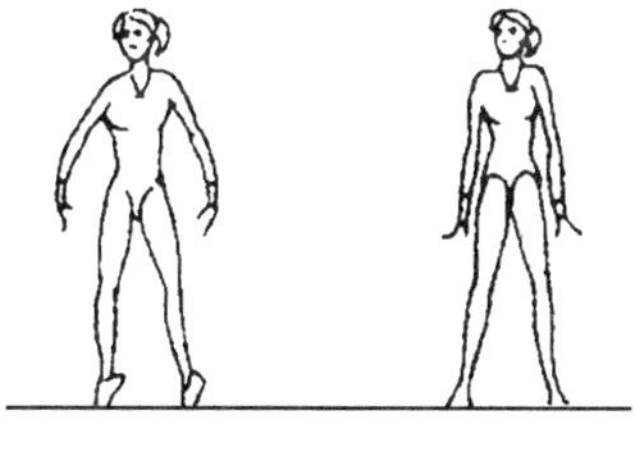

图 2-53

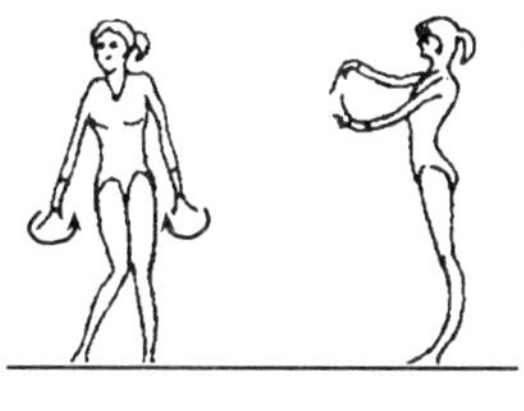

图 2-54　　　图 2-55

动作要求：练习时保持挺胸、收腹、立腰的身体姿势，手腕动作幅度尽量大。重复练习 16 ~ 20 次。经常练习可提高腕关节的灵活性。

6. 臂中绕环

预备姿势：站立，两臂侧平举，握举（图 2-56）。

动作做法：大臂不动，小臂以肘关节为轴，向下做垂直绕环，绕 4 周（图 2-57）。接着向下做垂直绕环，绕 4 周（图 2-58）。重复练习。

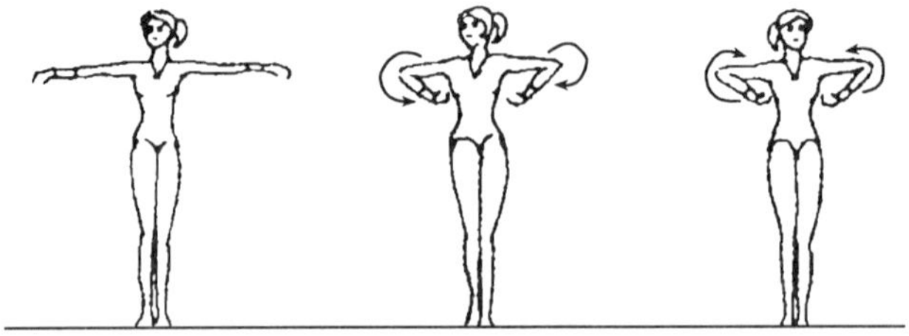

图 2-56　　图 2-57　　图 2-58

动作要求：大臂始终保持与地面平行，绕环幅度充分，速度均匀。可变换节奏练习（如一拍向下绕环，接着一拍向上绕环）。重复练习 4×8 拍。经常练习可减少大臂多余脂肪，使大臂肌肉结实、有力。

7. 臂大绕环

预备姿势：直立，两臂自然下垂。

动作做法：

（1）两臂向内大绕环：两臂侧平举，以肩为轴，经头上体前交叉向内绕环至侧平举（图 2-59）。

（2）两臂向外大绕环：两臂侧平举，以肩为轴，经体前头上交叉向外绕环至侧平举（图 2-60）。

（3）两臂同时向后大绕环：以肩为轴，手臂由体前经上向后做大绕环（图 2-61）。

（4）两臂依次向后大绕环：一臂前上举，另一臂后下举，掌心向下，两臂以肩为轴，同时做向后的依次大绕环（图 2-62）。

（5）两臂向左大绕环：两臂向右侧平举，以肩为轴，经体前下向左侧同时大绕环（图 2-63）

（6）两臂向右大绕环：动作同向左大绕环，唯手臂运动方向相反（图 2-64）。

图 2-59　　图 2-60　　图 2-61

图 2-62　　图 2-63　　图 2-64

动作要求：手臂的各种绕环动作方向要正确，手臂的运动路线要准确。肩部充分放松，幅度要大，动作速度稍慢。

8. 坐姿负重屈肘

预备姿势：坐位。双手持哑铃，肘关节放在膝盖上，拳心向上（图 2-65）。

动作做法：

（1）单臂向上屈肘，重复 16 ~ 20 次后，换另一臂练习（图 2-66）。

（2）双臂同时向上屈肘（图 2-67）。

图 2-65　　图 2-66　　图 2-67

动作要求：腰背挺直，肘关节始终紧靠膝关节。重复练习 16 ~ 20 次。经常练习可发达前臂肌群及肱二头肌。

9. 站立臂弯拉

预备姿势：分脚站立，右臂自然下垂，左臂手持拉力器或橡皮筋的一端，左脚踩住拉力器或橡皮筋的另一端（图 2-68）。

动作做法：左手反握拉力器或橡皮筋向上屈肘，用力拉至最大程度时还原。重复练习 12 次。然后换右臂练习（图 2-69）。

动作要求：身体保持直立，动作速度均匀、缓慢。经常练习可增强前臂肌肉力量，发达肱二头肌。

10. 负重后上举

预备姿势：两腿开立，上体前屈与地面平行，双手持哑铃自然下垂（图 2-70）。

动作做法：双手正握哑铃，由体侧做直臂后上举，然后还原（图 2-71）。

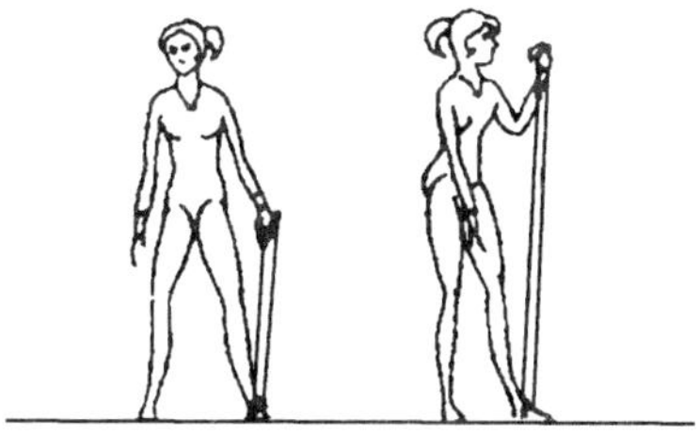

图 2-68　　图 2-69

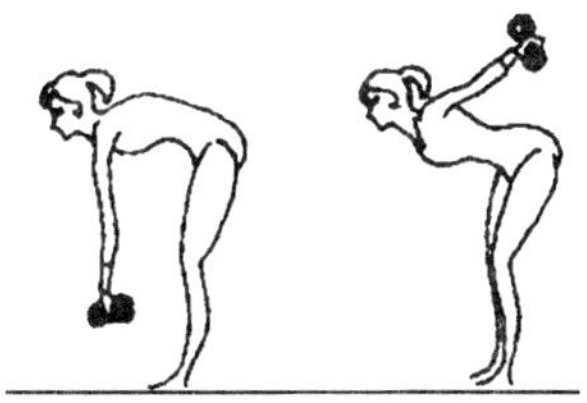

图 2-70　　图 2-71

动作要求：手臂后上举时，要高于双肩。重复练习 16 ~ 20 次。经常练习可发达肱三头肌。

11. 头后上举

预备姿势：分腿站立，两手握一个哑铃于头后屈肘（图 2-72）。

动作做法：双手握住一个哑铃由头后屈肘向头后上举，还原（图 2-73）。

动作要求：身体保持直立，稍低头，手臂尽量向头后上举伸直。重复练习 16～20 次。经常练习可发达肱三头肌。

12. 肩上推举

预备姿势：分腿站立，两手各持一个哑铃于肩上屈（图 2-74）。

动作做法：两臂持哑铃向上推举，还原（图 2-75）。

图 2-72　图 2-73

图 2-74　图 2-75

动作要求：身体保持直立，手臂用力向上推直。重复练习 16～20 次。经常练习可发达肱三头肌。

13. 前屈臂后伸

预备姿势：分腿半蹲，两手各持一个哑铃于体侧，自然下垂（图 2-76）。

动作做法：两臂同时前屈，接着向后伸直，重复练习（图 2-77、图 2-78）。

动作要求：收腹、挺胸、腰背挺直。重复练习 16～20 次。经常练习可发达肱三头肌。

14. 颈后臂伸拉

预备姿势：分腿站立，两手各持拉力器的一端于头后（图 2-79）。

动作做法：两手在颈后用力拉伸拉力器，还原。重复练习（图 2-80）。

动作要求：身体保持直立，手臂尽量伸直。重复练习 12～16 次。经常练习可发达肱三头肌。

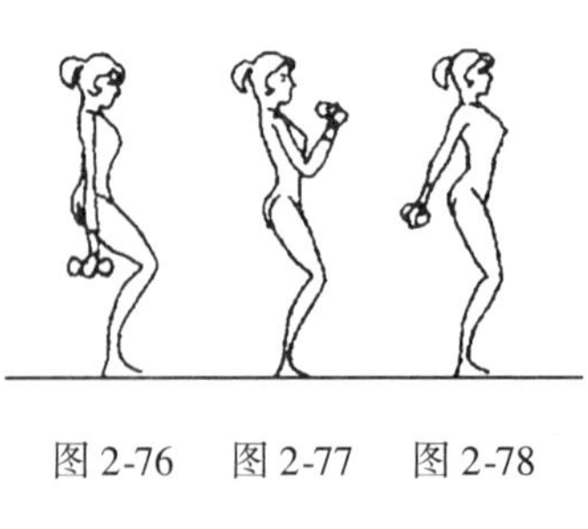

图 2-76　图 2-77　图 2-78

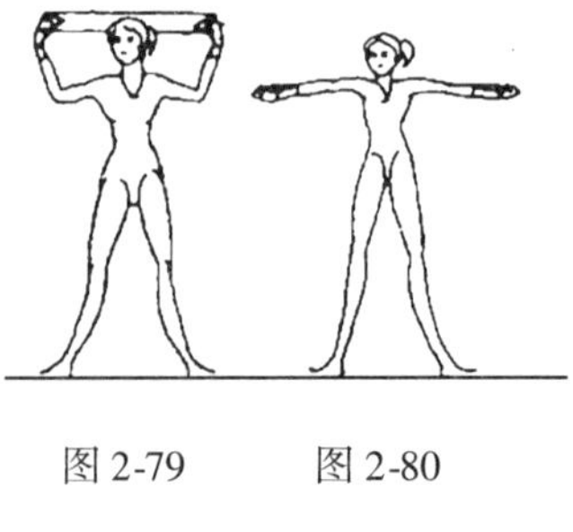

图 2-79　图 2-80

15. 跪撑推移

预备姿势：跪撑，两腿并拢（图 2-81）。

动作做法：重心后移，两臂前撑，然后上体向前推移，胸、腹、胯依次贴近地面，成俯撑，再按原动作路线还原成预备姿势（图 2-82）。

图 2-81　　　　图 2-82

动作要求：推移过程中始终保持挺胸、抬头。重复练习 4 ~ 8 次。

（四）注重事项

（1）完成动作应尽量轻巧、圆滑、协调。屈伸，应敏捷；绕环，应圆滑、幅度大。

（2）练习时，应尽量保持胸廓和脊柱的正确姿势。

（3）应左、右交替进行练习，否则，枯燥无味且易疲劳。

（4）负重练习时，应根据自身情况选择适宜的负荷量，注意量的适度。

（5）手臂动作可配合身体各部位动作进行练习，但必须使动作准确、到位，否则会影响其他动作。

四、胸部动作练习

（一）生理基础

胸部主要由胸廓及其附着的肌肉构成。胸廓主要由肋骨、胸骨和锁骨构成，它是胸部的支架。紧靠肋骨的是胸小肌，它位于胸大肌的深层，使胸部凸起。胸大肌是从乳房下向上和四周扩展的厚厚的一层肌肉，它与三角肌汇合在一起，形成了漂亮的肌肉线条。女子在胸大肌的外层有丰实的乳腺组织，是女子丰满乳房的基础。由此，男子显示阳刚之气的宽厚结实的胸脯，女子显示优美线条的丰满而结实的乳房。这与胸腔宽阔、胸部肌肉发达密切相关。

（二）胸部练习的作用

经常进行胸部锻炼，可使胸廓更好地发育，增大肺活量，对乳房发育十分有益。胸部肌肉发达，不仅能改变含胸、驼背的不良体姿，使扁平的乳房丰满而坚挺，造就优美的胸部曲线，而且更能使人挺拔向上，显示出自信、高雅的气质与风度。

（三）胸部练习的内容

1. 含、展胸

预备姿势：两腿开立，两臂垂于体侧。

动作做法：

（1）匀速挺胸，使肩外展，然后匀速合胸，使两肩内合，胸廓内收（图 2-83）。

（2）圆背半蹲，两臂体前屈，两手掌置于胃部水平部位，接着挺腰、挺胸，右臂不动，左臂屈臂侧举，前臂向上，还原。然后换另一侧手做（图 2-84）。

（3）圆背半蹲，两臂胸前平屈，接着挺腰、挺胸，同时两臂直臂后振，还原（图 2-85）。

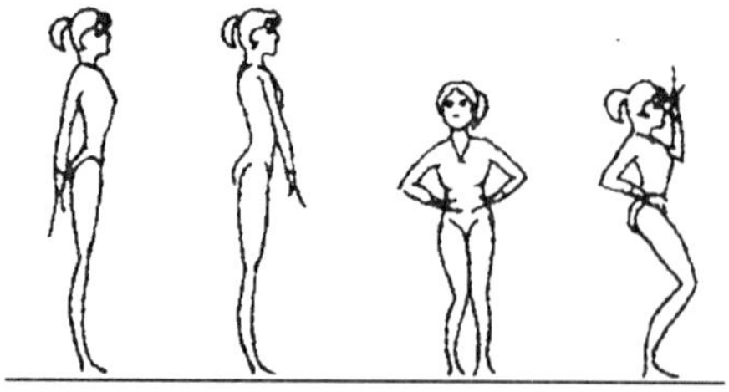

图 2-83　　图 2-84

图 2-85

动作要求：速度均匀，动作稍慢，含、展动作充分。

2. 振胸

预备姿势：面向右侧，并腿半蹲，两手扶髋，眼看右前方（图 2-86）。

动作做法：两臂侧平举，左小臂向上，右小臂向下，同时肩、胸经含后快速外展，然后换方向做（图 2-87）。

动作要求：收腹、立腰、振动迅速，富有弹性，腿和头保持不动。重复练习 20 ~ 30 次。可结合各种脚步的移动或变换节奏练习。

3. 左、右移胸

预备姿势：分脚站立，左手叉腰，右手扶头后，肘关节向外侧（图 2-88）。

动作做法：腰部以下部位不动，上体向右侧平移，还原。重复做一次，然后换方向做（图 2-89）。

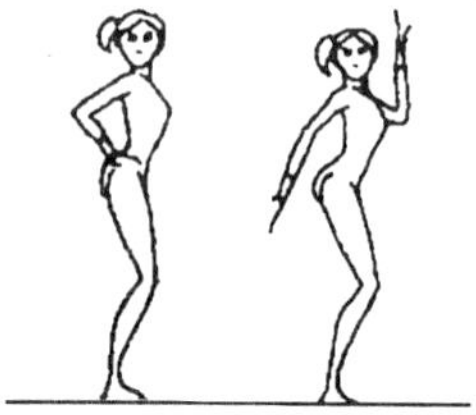

图 2-86　　图 2-87

图 2-88　　图 2-89

动作要求：收腹、挺胸、腰背挺直。重复练习 16 ~ 20 次。

4. 伸拉健身带

预备姿势：盘腿而坐，两手持健身带或橡皮带并前伸（图 2-90）。

动作做法：首先向横拉，待片刻缩回，然后左上右下，左下右上地斜拉，交替练习 4 ~ 8 次（图 2-91）。

动作要求：腰背挺直，重复练习 3 ~ 6 组。经常练习能达到胸部坚挺的效果。

5. 长跪挺胸

预备姿势：长跪，挺胸举臂，两臂上、下伸出（图 2-92）。

动作做法：收腹、弓背，两手交叉绕过前方，顺势反方向上下伸出，还原（图 2-93）。

图 2-90

图 2-91

图 2-92

图 2-93

动作要求：挺胸举臂时手臂尽量后振。重复练习 20 ~ 30 次。经常练习能使胸部线条优美。

6. 俯卧撑

预备姿势：俯撑，身体保持平直（图 2-94）。

动作做法：屈臂，身体下落，然后臂伸直，将身子撑起（图 2-95）。

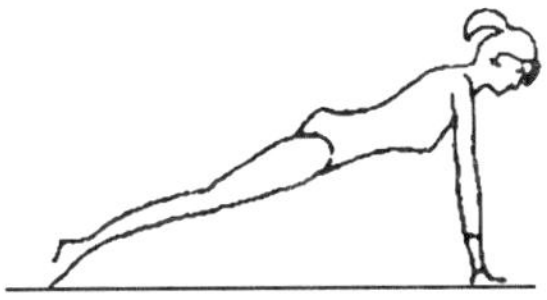

图 2-94

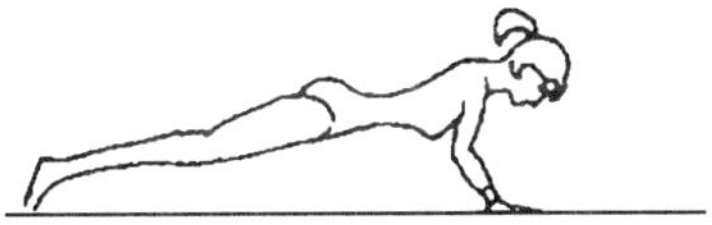

图 2-95

动作要求：身体下落时，肘关节外开收腹，身体保持平直。重复练习 12 ~ 20 次。

7. 屈膝俯卧撑

预备姿势：跪撑（图 2-96）。

动作做法：屈臂，上体前倾至胸部触地，同时抬头，屈膝，小腿抬起，然后还原（图 2-97）。

动作要求：身体下压时，肘关节外开。重复练习 16 ~ 20 次。

8. 仰卧推举

预备姿势：两手各握哑铃或杠铃同肩宽（或略比肩宽），仰卧于与肩部同宽的长凳上，两腿屈膝置于地面（图 2-98）。

图 2-96

图 2-97

动作做法：屈肘，将握哑铃的双手置于胸侧，使胸大肌充分展开拉长。接着上举，同时吸气，使哑铃沿胸侧垂直上升，两臂充分伸直后稍停顿，随即退让回到屈肘位，呼气（图 2-99）。

图 2-98　　图 2-99

动作要求：身体保持平衡，推举动作要充分。重复练习 8～12 次。经常练习可发达胸大肌。

9. 仰卧飞鸟

预备姿势：两手握哑铃同肩宽，上举，仰卧于与肩部同宽的长凳上，两腿屈膝置于地面（图 2-100）。

动作做法：两臂持重向胸部两侧拉开，微屈肘，使胸大肌充分拉开，吸气，然后直臂夹肘上举，呼气。稍停顿后，重复练习（图 2-101）。

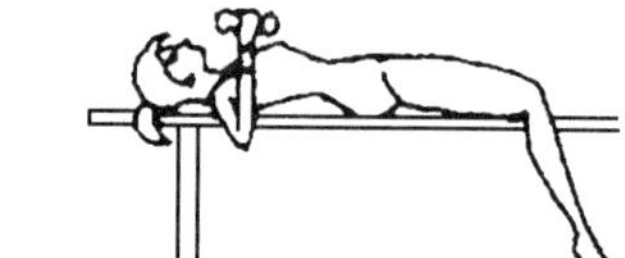

图 2-100

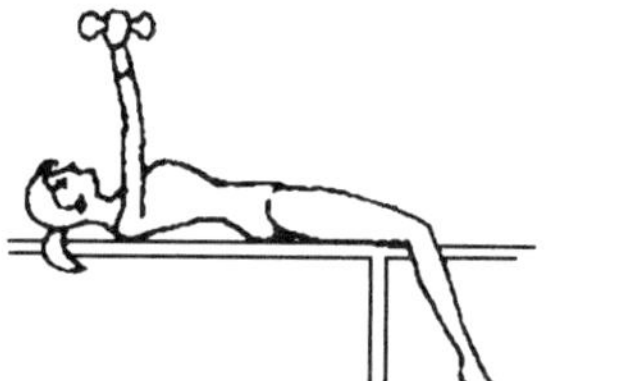

图 2-101

动作要求：下放时微屈肘，防止肘部拉伤，身体保持平衡。重复练习 8～12 次。经常练习可发达胸大肌。

10. 负重大绕环

预备姿势：两腿开立，双手持哑铃于体前交叉（图 2-102）。

动作做法：直臂向外或向内大绕环（图 2-103）。

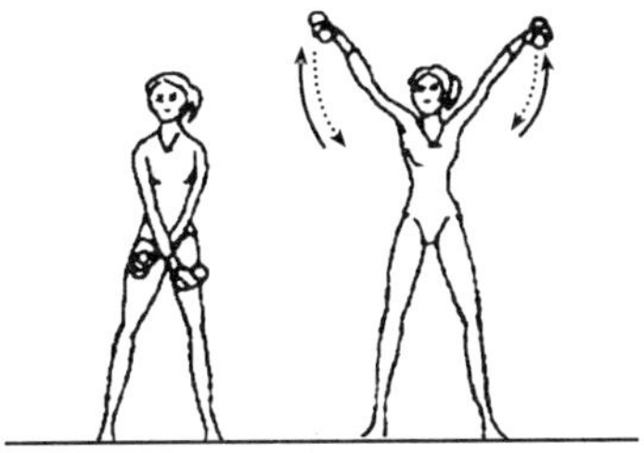

图 2-102　　图 2-103

动作要求：身体保持正直。重复练习 12 ~ 16 次。

（四）注意事项

（1）循序渐进，由易到难，根据自己的臂力情况，选择适当的负荷进行练习。

（2）注意练习时的速度以及动作与呼吸的协调配合。

（3）对于负重练习，女子应采用负荷小、多次数的练习方法；男子应采用负荷大、次数少的练习方法。

五、背部动作练习

（一）生理基础

背部主要由大块的肌肉群组成。斜方肌位于背的上部浅层，被脊柱一分为二，一侧成三角形。丰满的斜方肌向上构成了后颈，向下加宽了双肩，形成宽肩、平背，使背部形成美丽的线条，显示出腰部的苗条。背阔肌为人体最大的一块阔肌，位于腰背下部，它加空和加长了背部。

还有一些体积不大的肌肉，对固定肩胛骨起着十分重要的作用，它们位于斜方肌和背阔肌之间。因此，发达的背部肌肉，能使人挺拔向上，最大限度地保证姿态端正和动作稳定。

（二）背部练习的作用

经常进行背部锻炼，可以预防和矫正含胸、驼背姿势，减少背部多余脂肪，强健背部肌肉，使形体挺拔健美。

（三）背部练习的内容

1. 俯卧抬上体

预备姿势：俯卧，两手上举伏于地面（图 2-104）。

动作做法：上体尽量向上抬起，还原（图 2-105）。

动作要求：用力不要太大，动作保持好节奏。抬上体时，两腿不能离地。重复练习 8 ~ 12 次。

2. 俯卧体后屈

图 2-104

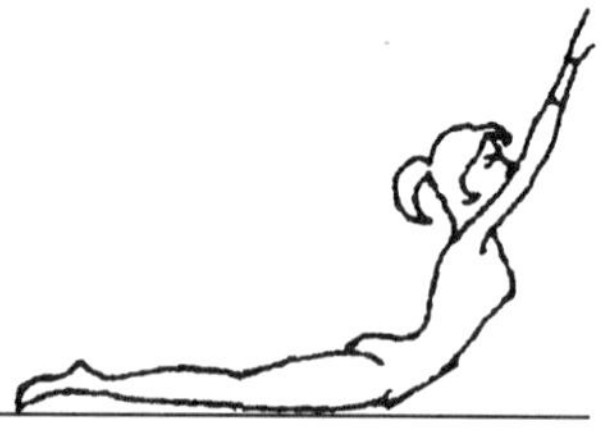

图 2-105

预备姿势：俯卧，屈臂双手撑地（图 2-106）。

动作做法：两臂撑直，上体后仰成最大反背弓，抬头，控制 5 秒，还原（图 2-107）。

图 2-106

图 2-107

动作要求：动作过程中用力仰头，向后下腰。重复练习 4 ~8 次。

3. 俯卧两头起

预备姿势：俯卧，两臂置于体前（图 2-108）。

动作做法：腰背尽量用力，以腹部为支点，抬起上体和腿，完成两头翘动作，还原（图 2-109）。

图 2-108

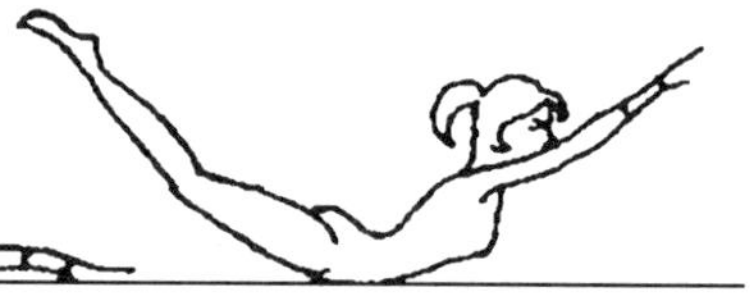

图 2-109

动作要求：腿直，臀部收紧，动作速度稍慢，上体和两腿尽量抬高。重复练习 8 ~ 12 次。

4. 俯卧上举臂

预备姿势：俯卧两肘支撑上体（图 2-110）。

动作做法：一肘支撑，另一臂经体侧尽量向后上方伸直上举，还原，然后换手做（图 2-111）。

动作要求：上体不能左右倒，手臂后上举幅度尽量大。重复练习 16 ~20 次。经常练

图 2-110　　图 2-111

习可强健斜上肌。

5. 体前屈举臂

预备姿势：两腿开立，双手体后五指交叉握（图 2-112）。

动作做法：两臂伸直，双手用力上提，挟背抬头。然后上体前屈，两臂用力上抬，还原（图 2-113）。

动作要求：双腿、双臂伸直，速度均匀。重复练习 8 ~ 12 次。

6. 跪立下拉

预备姿势：手持拉杆跪立，抬头挺胸（图 2-114）。

动作做法：用力匀速下拉拉杆至手与肩部平行，慢慢放回后再重复练习（图 2-115）。

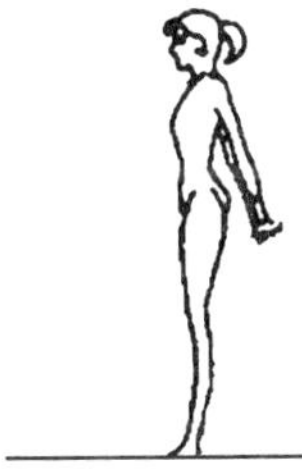

图 2-112　　图 2-113　　图 2-114　　图 2-115

动作要求：挺胸、收腹、匀速下拉。重复练习 8 ~ 12 次。经常练习可发达斜方肌。

7. 撑椅下蹲

预备姿势：双手体后撑椅（或任何可支撑物体）边，屈臂屈膝，椅前下蹲（图 2-116）。

动作做法：两臂撑起同时抬头挺胸，然后下蹲还原（图 2-117）。

图 2-116　　图 2-117

动作要求：动作速度均匀。重复练习 16～20 次。

8. 负重练习

预备姿势：两腿开立，上体前屈与地面平行，手持哑铃，两臂自然下垂。

动作做法：

（1）两臂沿身体两侧往后摆，同时双肩向后上提，努力使肩胛骨合拢，还原（图 2-118）。

（2）上体保持不动，两臂侧摆至平举，还原（图 2-119）。

（3）屈肘，将哑铃提拉至腹部，抬头挟背，还原（图 2-120）。

图 2-118　　图 2-119　　图 2-120

动作要求：挺胸、直背，控制好重心，动作速度均匀。重复练习 16～20 次。

9. 抗阻体侧屈

预备姿势：分腿站立，手持橡皮筋或拉力器，另一端由脚踩住（图 2-121）。此动作还可换手持哑铃练习。

动作做法：手臂不动，上体向一侧屈，还原。然后向另一侧屈，还原（图 2-122）。

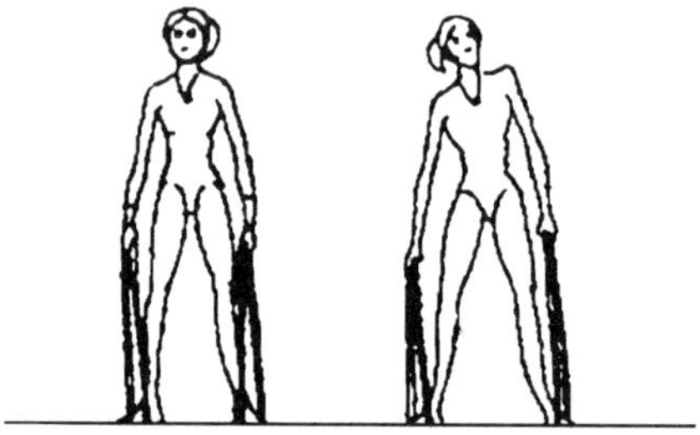

图 2-121　　图 2-122

动作要求：挺胸、直背，重心控制好，上体尽量侧屈，重复练习 16～20 次。

（四）注意事项

（1）明确动作要领，严格要求动作质量。

（2）由易到难。开始练习时可在同伴帮助下进行（如俯卧抬上体，可由帮助者按住练习者脚踝进行练习）。

（3）运动强度应根据自身的身体素质情况而定。

（4）练习时注意动作速度要恰当，缓慢用力时注意体会如何控制力的使用。

六、腰、腹部动作练习

（一）生理基础

腰、腹位于胸廓下和盆骨之间，是人体极易储存脂肪的部位，男子多储存在肚脐以上部位，而女子则储存在肚脐四周或下腹部。腹腔前外臂由腹直肌、腹横肌、腹外斜肌、腹内斜肌四肌肉组成。腹腔后壁主要由腰方肌组成。腹直肌、腹内斜肌、腹外斜肌可完成收腹动作，腹横肌能维持和增加腹压，保持人体内脏器官各就各位。

（二）腰、腹部练习的作用

经常进行腰、腹部锻炼，可以防止腰、腹部肌肉松弛、萎缩，消耗多余的皮下脂肪，同时对腹腔和盆腔内的组织器官起到良好的按摩作用，而且强健的腰腹肌肉对人体的内脏器官起着很好的支托作用。加强腰部锻炼，能有效地防治慢性腰肌劳损。腰、腹部肌肉的结实，是塑造和保持高胸、平腹、细腰体形的关键。

（三）腰、腹部练习的内容

1. 体侧屈

预备姿势：分腿站立，两手扶头后（图 2-123）。

动作做法：

（1）向右屈体，上体不直起，再做一次弹性屈体（图 2-124）；两臂上举，上体不直起，再做一次弹性屈体（图 2-125）。

（2）右弓步，右脚提踵，右手支撑在右大腿上，左臂上举，做弹性体侧屈（图 2-126）；上体直起，还原。然后换另一侧做。

图 2-123　　图 2-124　　图 2-125　　图 2-126

动作要求：侧屈时手臂和上体在一个平面内，动作幅度要大。重复练习 4 ~8 次。

2. 体转

预备姿势：分腿站立。

动作做法：

（1）半蹲，两臂胸前抱肘，上体向左侧扭转，还原，头随之转动。然后反方向重复练习（图 2-127）。

（2）半蹲上体向左侧扭转，稍后仰，同时两臂侧下举，头随之转动，稍抬头，还原。然后换方向重复练习（图 2-128）。

（3）上体向左侧扭振 8 次，同时左臂从体后抱右腿，右臂体前抱左肩，头随之右转。然后换方向重复练习（图 2-129）。

图 2-127

图 2-128

图 2-129

动作要求：

（1）上体扭转时，两腿保持不动，两臂用力向反摆，辅助上体扭转。

（2）体转时，要挺胸、抬头、立腰。可变换节奏和结合左、右移动练习。

（3）扭转幅度大，两臂用力帮助上体扭转，脚跟保持不动。

3. 跪姿下腰

预备姿势：跪立，上体正直，手臂三位（图 2-130）。

动作做法：上体向后下腰，控制 3 ~ 5 秒，还原（图 2-131）。

图 2-130

图 2-131

动作要求：下腰时要仰头。重复练习 4 ~ 8 次。

4. 跪坐挑腰

预备姿势：分腿跪立，上体正直，两臂垂于体侧（图 2-132）。

动作做法：臀部跪坐于两腿之间，上体后倒，平躺于地上，挑腰起，两臂下垂。还原（图 2-133）。

动作要求：平躺时大小腿折叠，腰发力带动上体挑腰起。重复练习 4 ~ 6 次。

5. 扭腰

预备姿势：仰卧，两腿屈膝，两臂侧平伸（图 2-134）。

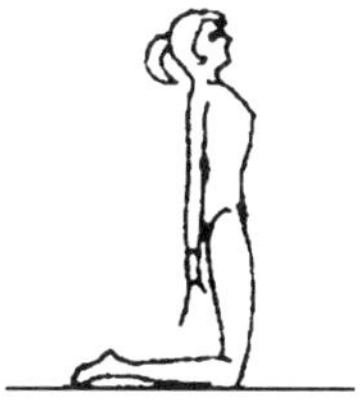

图 2-132

图 2-133

动作做法：两腿同时向左侧倒，还原；然后向右侧倒，还原（图 2-135）。

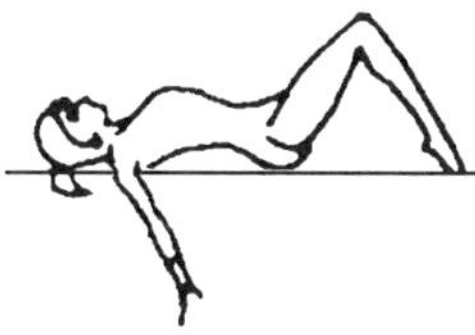

图 2-134

图 2-135

动作要求：侧倒时，尽量让膝部触地。重复练习 8 ~ 12 次。

6. 绕腰

预备姿势：仰卧，两腿伸直上举，两臂侧平伸（图 2-136）。

动作做法：以臀为圆心，自右绕向左，还原。然后反方向绕（图 2-137）。

图 2-136

图 2-137

动作要求：上体及两臂不得移动或离地。绕腰时，腿要直，绕环幅度尽可能大。重复练习 4 ~ 8 次。

7. 跪撑提腰

预备姿势：跪撑（图 2-138）。

动作做法：收腹、低头，尽量将腰背向上拱起，然后腰部下塌，挺胸抬头，使后背成凹形。反复练习（图 2-139）。

图 2-138

图 2-139

动作要求：拱背、塌腰做到最大幅度，可变换节奏练习。重复练习 10～20 次。

8. 负重转腰

预备姿势：肩部负重杠铃，两手握住杠端略比肩宽（图 2-140）。

动作做法：腰部发力，使上体连同杠铃一起左右来回转动（图 2-141）。

图 2-140　　图 2-141

动作要求：动作速度要慢，转到一边的极限后再转至另一边。动作要与呼吸相结合，负荷量应由小到大。重复练习 10～16 次。

9. 仰卧起上体

预备姿势：仰卧，分腿屈膝，双手扶头，肘关节向外侧（图 2-142）。

动作做法：

（1）抬头收腹至背部离开地面后，还原（图 2-143）。

（2）两臂伸直交叉握，在耳侧夹住头部，抬起上体，还原（图 2-144）。

（3）两臂侧平伸，抬起上体，同时两手在体前击掌两次，还原（图 2-145）。

图 2-142　　图 2-143　　图 2-144　　图 2-145

动作要求：尽量用腹肌力量而不是利用惯性完成动作，抬起上体与地面的夹角约为40°。重复练习16～20次。经常练习可减少肚脐以上腹部多余脂肪。

10. 收腹抱膝

预备姿势：仰卧，两臂伸直上举（图2-146）。

动作做法：弯曲两腿，将两膝提至胸部，同时抬起上体，两手抱紧时保持抬头、挺胸、腰背挺直的姿态（图2-147）。

动作要求：动作速度不要太快。重复练习16～20次。经常练习可减少肚脐四周腹部多余脂肪。

图2-146　　图2-147

11. 肘撑屈伸、摆、绕腿

预备姿势：仰卧、肘撑地，两腿伸直（图2-148）。

动作做法：

（1）两腿依次屈伸向胸靠拢，重复16～20次（图2-149）。

图2-148　　图2-149

（2）两腿依次上摆腿，重复16～20次（图2-150）。

（3）两腿并拢伸直由右向上、左向下绕环，然后换方向做，重复8～20次（图2-151）。

图2-150　　图2-151

动作要求：练习时双腿不能触地，可变换节奏练习，经常练习可减少下腹部多余脂肪。

12. 仰卧依次上举腿

预备姿势：仰卧，两臂侧举，两腿伸直（图 2-152）。

动作做法：两腿勾脚尖依次各上摆 2 次至腿部与地面垂直，接着并腿屈膝，脚面绷直，然后伸直，腿与地面平行，脚不能触地。重复练习（图 2-153）。

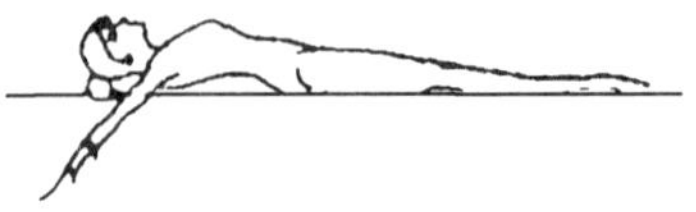

图 2-152

图 2-153

动作要求：注意动作节奏。重复练习 8～12 次。经常练习可减少下腹部多余脂肪。

13. 坐撑举腿

预备姿势：坐撑，两腿伸直。

动作做法：两腿并腿屈膝，接着向上伸直，两脚头各向侧转，然后两腿匀速慢慢下落，当脚轻轻触地面后再重复练习（图 2-154）。

图 2-154

动作要求：保持上体姿势，腿下落时应有控制，速度要慢。重复练习 16～20 次。经常练习可减少下腹部多余脂肪。

14. 仰卧屈膝举腿

预备姿势：仰卧，腿并拢屈膝，脚离地面 10 厘米（图 2-155）。

动作做法：小腹用力使腿部举起，臀部离地，然后还原（图 2-156）。

动作要求：腿一定要弯曲，下落时脚不能着地。重复练习 20～30 次。

15. 仰卧扭腰起上体

预备姿势：仰卧，两手枕于头后，肘关节向外侧，两腿并拢屈膝，向右侧倒，右腿触地（图 2-157）。

图 2-155　　图 2-156

动作做法：

(1) 埋头抬起上体，还原。重复 16～20 次后，换方向练习（图 2-158）。

(2) 两臂上举，起上体，同时左腿屈膝上抬，左手触左腿的踝部，右手触左腿的膝部，然后还原，重复练习 16～20 次后，换方向练习（图 2-159）。

动作要求：练习时上体始终保持仰卧的姿态，屈膝上抬时小腿尽量外翻。经常练习可减少腰腹两侧多余脂肪。

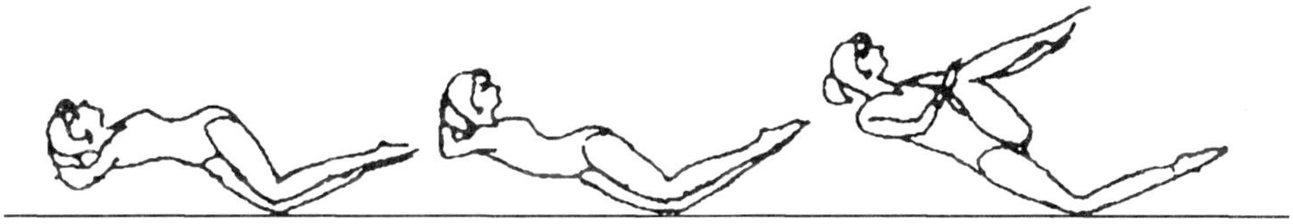

图 2-157　　图 2-158　　图 2-159

16. 仰卧两头起

预备姿势：仰卧，两臂伸直上举（图 2-160）。

动作做法：

(1) 右腿不动，上体和左腿同时上抬，两手触左脚尖，还原，然后换方向练习，重复 16～20 次（图 2-161）。

(2) 上体和两腿同时上抬，两手触摸脚尖，还原（图 2-162）。

图 2-160　　图 2-161　　图 2-162

动作要求：保持抬头挺胸、立背的姿势，双腿伸直，脚面绷直，两手尽量触摸脚尖。

经常练习可增强腹肌力量，使腹部肌肉结实有弹性。

17. 仰卧交换收腿

预备姿势：仰卧，双手枕于头后（图 2-163）。

动作做法：屈膝收左腿，同时上体抬起右转，并用左肘去靠左侧膝盖，接着上体还原，伸直左腿并悬空，然后换方向做（图 2-164）。

图 2-163　　图 2-164

动作要求：收腹时尽量靠近腹部，上体的转动要充分。重复练习 20 ~ 30 次。经常练习可减少肚脐以上腹部多余脂肪，增强腹肌力量。

18. 跪撑提腰

预备姿势：跪撑（图 2-165）。

动作做法：两脚蹬地往前跳，同时两腿伸直，前脚掌着地，腰部尽量向上提起，然后还原（图 2-166）。

动作要求：跳起时腿要伸直，尽量缩短手脚距离，提腰充分。重复练习 8 ~ 12 次。

图 2-165　　图 2-166

19. 仰卧倾体

预备姿势：练习者仰卧，两手枕于头后，两腿并拢伸直，绷脚面；协助者跪在练习者的两脚前，用两手按住练习者的双脚趾关节处（图 2-167）。

动作做法：练习者用力收腹抬起上体成斜倾约 45°，控制 3 ~ 5 秒后，慢慢后倒还原（图 2-168）。

动作要求：在练习时始终保持抬头、挺胸、腰背挺直的姿势。重复练习 4 ~ 8 次。

20. 仰卧举腿

预备姿势：练习者仰卧，双手抓住协助者踝部，协助者分腿立于练习者头的两侧，两臂伸直前半举（图 2-169）。

动作做法：练习者两腿上举触及协助者的手掌，接着协助者用手掌轻推练习者的两

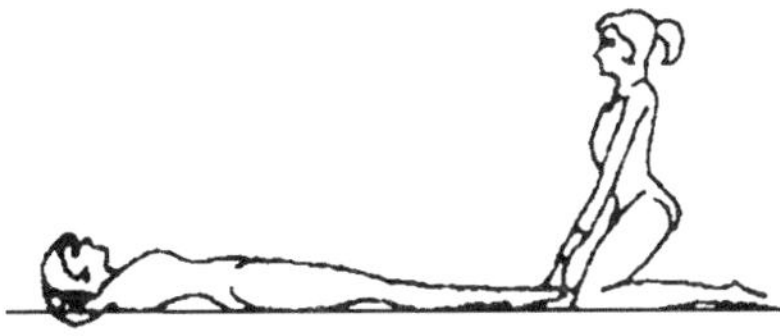

图 2-167

图 2-168

脚，练习者控制两腿轻轻落下。重复练习 8 ~ 10 次（图 2-170）。

图 2-169

图 2-170

动作要求：练习者举腿要迅速，腿下落要有控制，轻轻落下。协助者轻推练习者的双脚时力度要适宜，练习者尽量用腹肌控制两腿下落速度。

（四）注意事项

（1）重视腰腹部的锻炼，明确各种练习方法中主练的肌肉，有针对性地选择练习方法，才能收到有效调节腰围、腹围、臀围比例的效果。

（2）要循序渐进，随着腹肌力量的加强而逐渐增加练习次数。在练习时注意对动作的速度要求，严格要求动作质量。

（3）注意在每一个动作完成之后都应及时放松，以增强肌肉弹性。

（4）平时的坐、立、行应注意随时保持收腹、立腰、挺胸的良好姿势。

七、胯和臀部动作练习

（一）生理基础

胯是由骨盆、骨盆带和体积较大的肌肉群组成。一般来说，女子胯部脂肪比男子厚，但不论男女，胯部肌肉大而坚实。

臀部主要由臀大肌、臀中肌和臀小肌组成。臀大肌覆盖在大腿后部肌肉的上部，能使大腿伸、外展和内收，使骨盆后倾。臀中肌大一部分在臀大肌的深层，一部分位于臀部的上部和侧面。臀小肌位于臀大肌和臀中肌的深层。

（二）胯和臀部练习的作用

优美的造型和千变万化的动作姿态，都与胯部的灵活性、准确性及其空间位置密切相关。经常进行胯和臀部锻炼，可提高胯关节的灵活性，减少臀部脂肪堆积，使臀部上提，臀部肌肉紧而富有弹性，有利于获得健美的形体。

（三）胯和臀部练习的内容

1. 顶髋

预备姿势：分腿站立，两手扶髋（图 2-171）。

动作做法：

（1）向前顶髋，稍含胸，接着向后顶髋，挺胸。重复练习（图 2-172）。

（2）向左顶髋，右腿屈膝内收，上体保持正直，两臂于体侧自然摆动，接着向右顶髋。重复练习（图 2-173）。

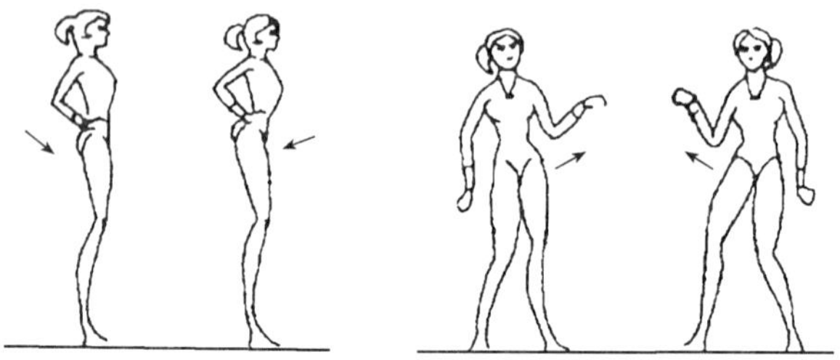

图 2-171　图 2-172　　　图 2-173

动作要求：收腹、紧臀，动作幅度要大。重复练习 16 ~ 20 次。可配合手臂动作、移动步或变换节奏练习。经常练习可提高胯关节的灵活性。

2. 向侧摆髋

预备姿势：分腿站立，左脚侧点地，两臂自然下垂（图 2-174）。

动作做法：经屈膝半蹲，重心向左移至右腿站立，右脚侧点地，同时髋由右向左弧形摆至左顶髋，两臂体侧自然摆。然后换方向练习（图 2-175）。

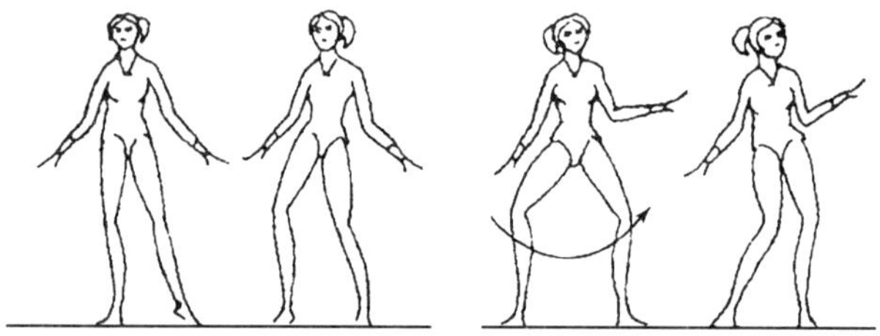

图 2-174　　　图 2-175

动作要求：髋的运动要在同一平面内完成，摆动速度均匀，协调连贯。重复练习 8 ~ 12 次。练习时可结合手臂动作、移动步或变换节奏练习。

3. 提髋

预备姿势：分腿站立，两手叉腰（图 2-176）。

动作做法：向左顶髋，同时髋向左上方提，右腿不动，左脚跟提起。然后换方向练习（图 2-176）。

图 2-176

动作要求：上体保持正直，重复练习 16～20 次。

4. 髋绕环

预备姿势：分腿半蹲，两手于头上互握。

动作做法：髋向左或右做水平的 360°的圆周运动（图 2-177）。

图 2-177

5. 仰卧起臀

预备姿势：仰卧，分腿屈膝同肩宽，两臂置于身体两侧（图 2-178）。

动作做法：

（1）臀部肌肉用力收缩，同时向上顶髋，控制 1～2 秒，接着臀部下落还原。重复练习 20～30 次（图 2-179）。

（2）髋部始终向上挺，膝关节向内靠拢后接着向外分开。重复练习 50～60 次（图 2-180）。

动作要求：挺髋时，身体重心移向肩部，臀部肌肉收紧。经常练习可减少臀部多余脂肪，使臀部肌肉结实、有弹性。

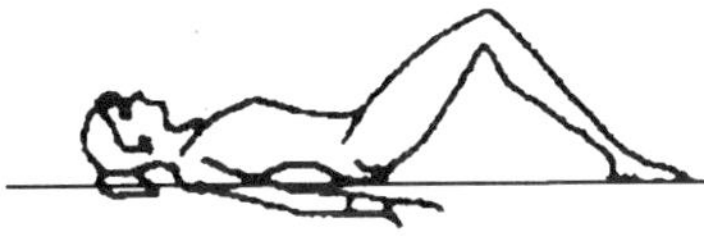

图 2-178

图 2-179

图 2-180

6. 跪撑侧举腿

预备姿势：跪撑，身体保持平直（图 2-181）。

动作做法：

（1）右腿屈膝向侧外开上举，还原。重复 16～20 次。然后换左腿练习（图 2-182）。

（2）身重心前移，右腿用力向左侧踢起，还原。重复练习 16～20 次。然后换左腿练习（2-183）。

图 2-181　　图 2-182　　图 2-183

动作要求：练习时抬头，动作过程中身体保持平直，不要左、右晃动。

7. 俯卧后举腿

预备姿势：俯卧，两腿并拢伸直，两臂上举（图 2-184）。

动作做法：左右腿依次后举腿，臀肌收紧（图 2-185）。

图 2-184　　图 2-185

动作要求：后举腿时，头部不要抬起，腿要直。重复练习 30～40 次。经常练习可使臀部上提。

8. 跪撑后举腿

预备姿势：跪撑（图 2-186）。

动作做法：

（1）左脚屈膝，脚面绷直，向侧后上方外开上举，还原。重复练习 16～20 次后，换右腿练习（图 2-187）。

（2）右腿屈膝收至胸前，低头，接着快速向后上方伸直，举腿，抬头。重复练习

16～20 次后，换左腿练习（图 2-188）。

图 2-186　　图 2-17　　图 2-188

动作要求：屈膝向侧后上方上举时，上体保持平直。膝关节屈膝收腿尽量靠近胸部，后举腿时抬头、挺胸、动作幅度要大，在动作过程中脚面始终绷直。

9. 左右移臀

预备姿势：跪立，两臂侧举（图 2-189）。

动作做法：向左移动臀部，坐于两脚的左侧，还原。然后换方向练习（图 2-190）。

图 2-189　　图 2-190

动作要求：上体保持正直，臀部左、右下坐时速度不能太快，重复练习 16～20 次。经常练习可增强脚部肌肉弹性。

10. 盘坐压膝

预备姿势：盘坐足心相对，双手按住膝关节（图 2-191）。

动作做法：双手下按膝关节，一拍一动，重复练习 20～30 次，然后按压至最大限度，控制 10 秒（图 2-192）。

图 2-191　　图 2-192

动作要求：用力下按，尽量使膝关节着地。经常练习可增强胯部柔韧性。

11. 盘坐体前屈

预备姿势：盘坐，两手扶住踝关节（图 2-193）。

动作做法：上体慢慢前屈，当屈至最大限度时，接着经含胸围背还原（图 2-194）。

图 2-193　　图 2-194

动作要求：上体前屈时，保持挺胸，立背姿势，腹部尽量贴近地面。重复练习 8～12 次。

12. 仰卧开胯

预备姿势：仰卧，两腿并拢伸直，绷脚面，两臂置于体侧，手平伸（图 2-195）。

动作做法：左腿由下往上收腿，脚头点地，接着左腿外翻 90°落地后，回到正吸腿位置，然后还原成预备姿势。重复 8～12 次。然后换右腿练习（图 2-196）。

图 2-195　　图 2-196

动作要求：髋关节固定不能晃动。开胯时，髋关节放松。

13. 仰卧腿绕环

预备姿势：仰卧，两腿并拢伸直，绷脚面，两臂侧下举置于地面（图 2-197）。

动作做法：左腿经右侧上举至最大限度，向左侧落下，沿地面向右腿靠拢，还原，然后换右腿练习（图 2-198）。

图 2-197　　图 2-198

动作要求：两腿伸直，做动作时腿尽量围绕髋关节做最大幅度的匀速绕环。重复练习8～12次。

14. 仰卧压膝

预备姿势：练习者仰卧，双手枕于头后，双腿侧吸，足心相对。协助者跪在练习者脚前，两手轻轻按住练习者的膝部。

动作做法：协助者向下按练习者的双膝关节，一拍一动，重复20～30次。压至最大限度时，控制10～15秒。两人互换练习（图2-199）。

图2-199

动作要求：练习者髋关节放松，双腿尽量侧吸，协助者用力要适度。经常练习可增强胯部的柔韧性。

15. 双人互拉体前屈

预备姿势：两人双腿分开面对面坐，脚内侧相抵，双手拉好（图2-200）。

动作做法：一人上体后倒在地上，另一人上体前屈。然后换方向练习（图2-201）。

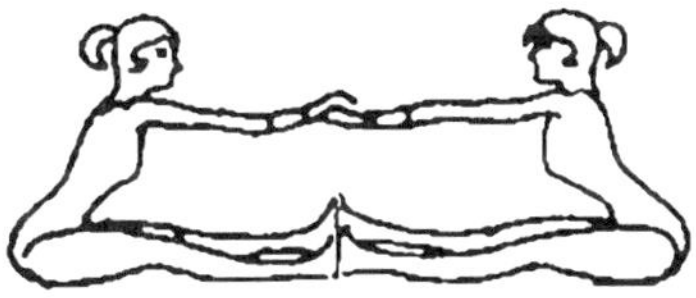

图2-200

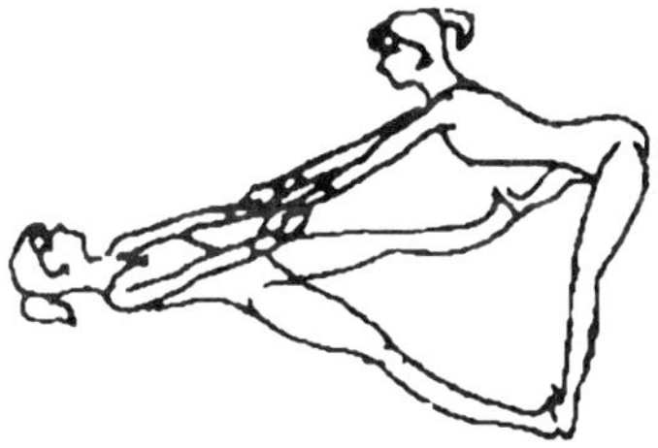

图2-201

动作要求：上体后倒时，臀、腰、背部和头均贴在地面上。体前屈压胯时尽量以腰部贴近地面。注意两人双手不能松开，动作慢而匀速。重复练习12～16次。

（四）注意事项

（1）严格按照动作要求进行练习，保证动作质量。

（2）不同的练习有不同的速度要求，练习时应注意体会，逐步掌握。

（3）根据自己的体形特点，选择练习方法，经常练习。

（4）动力性的伸展练习应与静力性练习相结合，并保证足够的练习次数。

八、腿部动作练习

（一）生理基础

腿部，包括大腿、小腿和脚。大腿是由一块人体中最长的股骨及与附着在它上面的肌肉群构成；小腿是由一根在内的胫骨和一根在外的腓骨及与附着在它们上面的肌肉群构成；脚是由很多小骨及与附着在它上面的小块肌肉构成。大腿肌肉和小腿肌肉一样，是由三部分肌肉群组成，即前群、后群和外侧群。这些肌肉群可使大小腿及脚在各个方位上进行运动，完成小腿及踝关节各方向上的屈伸动作。总之，腿是人体的支架和一切运动的根基，是人体线条美的重要组成部分。

（二）腿部练习的作用

经常进行腿部锻炼，可以保持腿部围度适中，减少腿部脂肪堆积，加强腿部内侧肌肉力量，弥补两腿相并时出现的空隙，使下肢修长。大腿肌肉的强健对稳固臀部的线条，维护骨盆和脊柱的位置以及增强骨盆底肌肉有很大益处。腿部肌肉锻炼配合腹部锻炼还可以增强静脉的血液循环，治愈因缺乏锻炼或长期坐着不动所造成的静脉曲张。总之，经常进行腿部锻炼，能使体形更加健美，也使步履永远充满青春活力。

（三）腿部练习的内容

1. 弹性跑

预备姿势：直立。

动作做法：

（1）原地放松跑：两臂前后自然摆动（图 2-202）。

（2）高抬腿跑：一腿落地时，另一腿屈膝上提，大腿至水平位置（图 2-203）。

（3）前踢腿跑：一腿落地时，另一腿伸直成屈膝前摆（图 2-204）。

（4）后踢腿跑：一腿落地时，另一腿伸直成屈膝后摆（图 2-205）。

图 2-202　图 2-203　图 2-204　图 2-205

动作要求：做各种弹性跑时，膝关节要放松，有弹性地屈伸，可结合手臂的摆动、屈伸等动作，也可向各方向跑动。

2. 弹踢腿跳

预备姿势：直立。

动作做法：左腿小跳一次，右腿小腿屈，同时两臂胸前屈。接着左腿小跳一次，右腿向前踢，同时两臂前伸推拳。然后换方向做（图 2-206）。

图 2-206

动作要求：动作轻松，小腿前摆有弹性，重复练习 16～20 次，可结合各种手臂动作或前后移动练习。

3. 钟摆跳

预备姿势：直立。

动作做法：右腿小跳两次，左脚侧摆，同时左臂下举，右臂经侧摆至上举。然后换方向做（图 2-207）。

图 2-207

动作要求：动作摆动有节奏、有力度，像钟的摆动一样成为一个整体。重复练习 16～20 次。

4. 移重心跳

预备姿势：直立。

动作做法：双腿跳起向左移重心，成左腿屈膝，右脚伸直勾脚，脚跟点地，同时两臂摆成左臂胸前平屈，右臂侧举握拳，拳心向下，头稍向左倾。接着跳起还原。然后换方向做（图 2-208）。

动作要求：动作幅度大，重心移出后要还原回来。两臂肌肉适度紧张，动作有力。重复练习 16～20 次。可结合各种手臂动作练习。

5. 左右弓步跳

预备姿势：直立。

动作做法：两腿跳成左侧弓步，上体稍右转前倾，同时两臂经左前摆至前斜上举，眼看前方。接着跳起还原。然后换方向做（图 2-209）。

图 2-208

图 2-209

动作要求：左、右弓步跳时，膝关节要有弹性。重复练习 16～20 次。

6. 交换腿跳

预备姿势：站立，两手叉腰。

动作做法：两腿屈膝跳起，落成右腿屈膝站立，左腿勾脚，脚跟点地。接着右腿蹬地跳起，两腿交换，左腿屈膝站立，右腿勾脚，脚跟点地（图 2-210）。

图 2-210

动作要求：动作层次分明，有节奏感。重复练习 16～20 次。可结合各种手臂动作练习。

7. 并步跳

预备姿势：直立。

动作做法：左腿向左前方迈出一步成弓步，上体稍前倾，同时两臂屈肘后摆，眼看前方。接着左脚蹬地跳起，右脚并左脚，落成并腿立，同时两臂屈肘前摆，眼看前方。然后换方向做（图 2-211）。

图 2-211

动作要求：跳起时要往前、向上跳，落地时屈膝缓冲。重复练习 16 ~ 20 次。

8. 大踢腿

预备姿势：直立。

动作做法：

（1）向前大踢腿：右腿原地小跳两次，左腿屈膝上提、还原，同时两臂经上举至肩侧，还原，握拳，拳心相对。接着右腿原地再小跳两次，左腿向前大踢腿，还原，同时两臂向侧摆至下举，还原。然后换方向做（图 2-212）。

图 2-212

（2）向侧大踢腿：左腿原地小跳两次，右腿向左前方屈膝上提，还原。同时两臂屈肘体前左摆，手心向外，目视前方。接着左腿再小跳两次，右腿侧踢，还原。同时两臂经胸前平屈，五指交叉握，向下伸直臂。然后换方向做（图 2-213）。

图 2-213

（3）向后大踢腿：两腿跳成分腿站立，同时两臂摆至侧平举，掌心向下。接着跳至还原。然后向左转 90°，左腿蹬地跳起，右腿向后踢腿，同时两臂经前摆至三位。落地还原，然后换方向做（图 2-214）。

动作要求：腿的踢摆有力，幅度大。注意腿伸直，立腰直背，重复练习 16 ~ 20 次。可结合各种手臂动作、移动步或变换节奏练习。

9. 踢十字腿

预备姿势：正步站立，两手侧平举。

动作做法：左脚向后撤一步，右脚尖点地，右脚向左太阳穴踢十字腿。右脚在左脚前落地，经擦地收至右脚向后撤一步。换左脚做，动作相同方向相反。

图 2-214

10. 踹腿

预备姿势：正步站立，两手侧平举。

动作做法：右脚经十字腿踢起后，以髋关节的转动由左向前侧绕，经侧点收回丁字步。右脚向后撤一步。换左脚做，动作相同方向相反。

11. 盖腿

预备姿势：正步站立，两手平举。

动作做法：右腿由侧踢经前向左绕至左脚前点地（即由外向里盖腿）。换左脚做，动作相同方向相反。

（四）注意事项

（1）练习时注意动作的规范性，注意动作速度的要求，快慢交替，逐步体会肌肉用力的方法。

（2）腿部练习应与腰部、臀部练习结合进行，以取得腿美、腰细的整体效果。

（3）重复练习的次数，应根据每个人的身体状况做相应的调整，并随着运动能力的增长，相应地增加练习次数。

第二节　形态的组合动作练习

形态组合动作练习是将若干单个的形态基本动作编排在一起所进行的练习。组合动作的练习不仅巩固和提高了单个动作的质量，同时也加大了练习的强度和密度。通过各种不同类型的动作搭配，可避免练习过程的枯燥和单调，从而使练习者在不同的节奏变化中愉快地进行练习。

形态组合动作分为部位组合动作和成套组合动作。部位组合动作是将各个不同部位的动作分别编排，目的是使练习具有一定的针对性。成套组合动作是将各个不同部位的动作联合编排，目的是使练习更加完整，使身体得到全面发展。

一、操化动作练习

10×8 拍。

预备姿势：两脚并立，两臂在体侧自然下垂，目视前方。

动作做法：

（一）1×8 拍

（1）1–4 拍：左脚开始原地踏步 4 次，两臂屈肘前后自然摆动。

（2）5–6 拍：头前屈一次，两手叉腰，同时左腿屈膝，脚尖前点地，右腿伸直。

（3）7–8 拍：头后屈一次，两手叉腰，同时右腿屈膝，脚尖前点地。

（二）2×8 拍

（1）1 拍：左脚左侧一步成半蹲，同时头向左侧屈，两手叉腰。

（2）2 拍：两腿伸直，头回原位，目视前方，两手叉腰。

（3）3–4 拍：同 1–2 拍，方向相反，两手叉腰。

（4）5 拍：屈膝半蹲，同时头向左转 90°，两手叉腰。

（5）6 拍：转头回位，同时两腿伸直，目视前方，两手叉腰。

（6）7–8 拍：同 5–6 拍，方向相反，两手叉腰。

（三）3×8 拍

1–8 拍：腿部动作不变，头从左至右绕环一周，两臂自然下垂。

（四）4×8 拍

1–8 拍：同 3×8 拍，但方向相反。第 8 拍左脚收回。

（五）5×8 拍

（1）1 拍：左脚左侧一步成分腿站立，同时两肩上提，两臂自然向下，伸直，目视前方。

（2）2 拍：上下肢动作不变，两肩同时下沉。

（3）3–4 拍：同 1–2 拍。

（4）5–6 拍：重心移至左脚，右脚尖侧点地，同时右臂侧平举屈肘，左臂自然下垂，抬头右转 45°（图 2-215）。

（5）7–8 拍：同 5–6 拍，方向相反（图 2-216）。

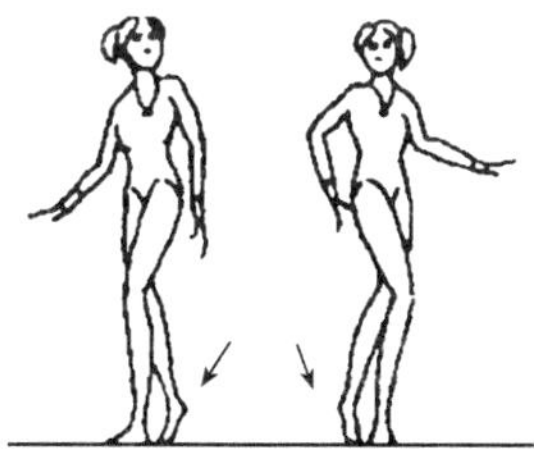

图 2-215

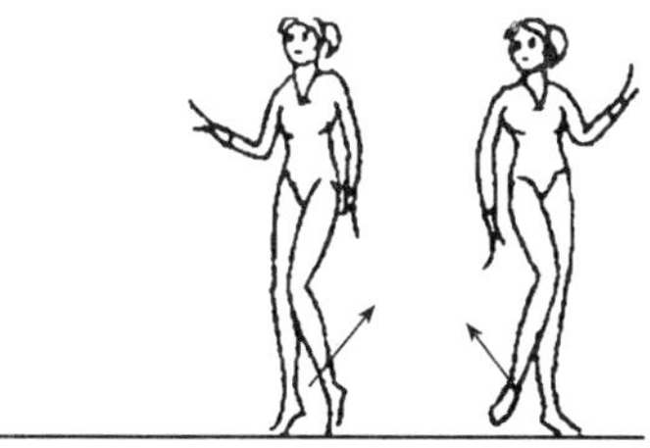

图 2-216

（六）6×8 拍

（1）1 拍：分腿站立，两臂屈肘，两手抱头，稍低头（图 2-217）。

（2）2 拍：同第 1 拍，抬头挺胸（图 2-218）。

（3）3–4 拍：同 1–2 拍（图 2-219）。

图 2-217　　图 2-218　　图 2-219

（4）5–6 拍：下肢动作同 5×8 拍中的 5–6 拍，右臂向左上方伸直，左臂动作不变（图 2-220）。

（5）7–8 拍：动作同 5–6 拍，但方向相反。

（七）7×8 拍

（1）1 拍：分腿屈膝半蹲，两臂侧举屈肘，掌心相对，目视前方（图 2-221）。

（2）2 拍：分腿站立，两臂伸直侧平举、伸腕立掌（图 2-222）。

图 2-220　　图 2-221　　图 2-222

（3）3–4 拍：动作同 1–2 拍。

（4）5 拍：分腿站立，两臂侧平举，掌心向下，同时屈膝（图 2-223）。

图 2-223

（5）6 拍：伸腕，其他同第 5 拍。

（6）7–8 拍：同 5–6 拍。

（八）8×8 拍

8×8 拍同 7×8 拍。

（九）9×8 拍

（1）1–2 拍：屈膝半蹲一次，同时两臂由外向内交叉绕环至斜上举，掌心相对，抬头挺胸。

（2）3–4 拍：动作同 1–2 拍。

（3）5–8 拍：下肢动作同 1–4 拍，手臂绕环方向相反。

（十）10×8 拍

（1）1–2 拍：左脚左侧一步，右脚在左脚后叉一步，手臂动作同第 9×8 拍中的 1–2 拍。

（2）3–4 拍：左脚左侧一步，右脚与左脚并立，手臂动作重复 1–2 拍。

（3）5–8 拍：脚步动作同 1–4 拍，手臂动作同 9×8 拍中的 5–8 拍。

二、腰、腹部动作练习

8×8 拍。

预备姿势：仰卧，两臂自然放松。

（一）1×8 拍

1–8 拍：两腿垂直上举左右交叉腿，上体动作不变（图 2-224）。

（二）2×8 拍

1–8 拍：同 1×8 拍。

（三）3×8 拍

1–8 拍：两腿垂直上举前后交换腿，上体动作不变（图 2-225）。

（四）4×8 拍

1–8 拍：同 3×8 拍。

（五）5×8 拍

1–8 拍：两腿垂直并腿上举，上体上抬，不超过 40°（图 2-226）。

（六）6×8 拍

1–8 拍：两腿伸直成仰卧。

（七）7×8 拍

1–8 拍：交换腿伸，仰卧起坐 4 次（图 2-227）。

图 2-224

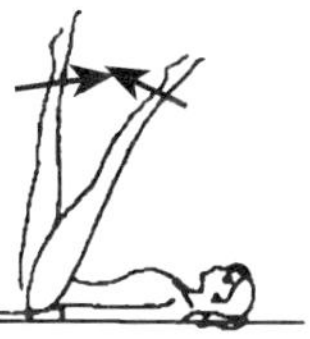

图 2-225

图 2-226

图 2-227

（八）8×8 拍

1–8 拍：同 7×8 拍。

三、下肢动作练习

4×8 拍。

预备姿势：立正。

（一）1×8 拍

1–8 拍：左右腿交换做弹腿各 2 次，两手叉腰（图 2-228）。

（二）2×8 拍

1–8 拍：开并腿跳 4 次，手臂依次做右臂斜下举、左臂斜下举、右臂斜上举、左臂斜下举。

（三）3×8 拍

（1）1 拍：左吸腿跳，同时两臂水平前屈肘，两手握拳（图 2-229）。

（2）2 拍：左脚落地半蹲，两臂放下，自然下垂。

（3）3 拍：小跳成左腿在前的弓步，同时两臂经前平举至侧平举，五指分开，掌心向前（图 2-230）。

（4）4 拍：同 2 拍。

（5）5–8 拍：动作同 1–4 拍，换另一腿练习。

（四）4×8 拍

1–8 拍：钟摆跳 8 次，两臂自然摆动（图 2-231）。

图 2-228

图 2-229

图 2-230

图 2-231

注：以上三个组合的练习次数可根据练习者的实际情况而定。

【课后作业】

1. 编一节 4×8 拍头部练习。
2. 编一节 8×8 拍肩部练习。
3. 编一节 8×8 拍上肢练习。
4. 编一节 4×8 拍胸部练习。
5. 编一节 4×8 拍背部练习。
6. 编一节 4×8 拍腰腹部练习。

7. 编一节 4×8 拍髋部练习。
8. 编 8×8 拍的垫上腿部练习和 8×8 拍的跑跳练习。
9. 根据自己的情况，编制一套形态的组合练习。

第三章 姿态训练

第一节　姿态的基础动作练习

一、地上练习

（一）地上练习的作用

通过地上练习，体会人体正确的跪、坐、卧的基本姿势，增强腰关节、膝关节、髋关节的柔韧性和灵活性；增强腿部的肌肉感觉，培养腿部开、绷、直的能力。

（二）地上练习的内容

1. 勾绷脚

预备姿势：直角坐，两腿并拢伸直，绷脚面，两臂体后撑地（图 3-1）。

动作做法：双脚用力向上勾脚面，还原（图 3-2），重复 16 ~ 20 次。然后双脚依次勾、绷脚面练习（图 3-3），重复练习 16 ~ 20 次。

图 3-1　图 3-2　图 3-3

动作要求：保持抬头、挺胸，腰背挺直的姿势，勾绷脚要充分。

2. 踝绕环

预备姿势：直角坐，两腿并拢伸直，绷脚面，两臂体后撑地（图 3-4）。

动作做法：双脚由绷脚面开始，同时各向外展经勾脚面向内绕环至绷脚面，然后反方向练习（图 3-5）。

图 3-4

图 3-5

动作要求：保持抬头、挺胸、腰背挺直的姿势，踝绕环时要充分。重复练习 8 ~ 12 次。

3. 举腿绷脚面

预备姿势：坐地，两腿并拢伸直，绷脚面，两臂体后撑地（图 3-6）。

动作做法：

（1）左腿伸直上举，还原成预备姿势。重复练习 10 次，然后换右腿练习（图 3-7）。

（2）正吸左腿，脚头前点地，接着伸直上举，再屈膝成脚尖前点地，还原。重复练习 10 次后，换右腿练习（图 3-8）。

图 3-6

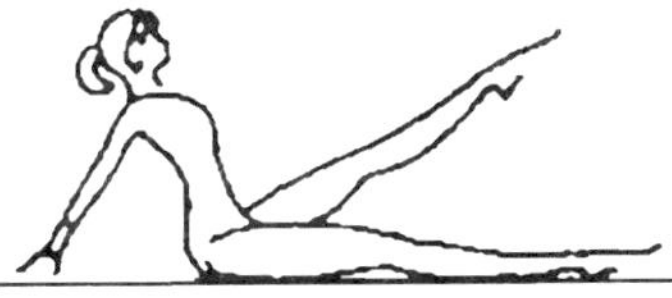

图 3-7

图 3-8

动作要求：举腿时要绷脚面，脚面外开。吸腿方向要正，以脚面带动举腿。

4. 弹腿绷脚面

预备姿势：仰卧，两腿并拢伸直，绷脚面，两臂侧下举置于地面（图 3-9）。

动作做法：

（1）两腿同时正吸腿脚尖点地，接着两腿向上弹踢小腿，再屈膝成脚头点地，还原。重复练习 8 ~ 12 次（图 3-10）。

（2）左腿侧吸，大小腿贴住地面，接着向侧弹踢小腿，再还原成侧吸腿，最后还原成预备姿势。重复练习 8 ~ 12 次后，换右腿练习（图 3-11）。

动作要求：弹腿时大腿不动，小腿弹直。侧吸腿弹腿过程中骨盆固定，紧贴地面。

图 3-9

图 3-10

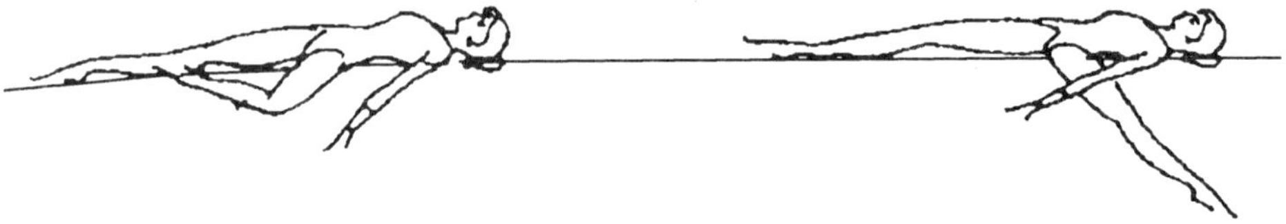

图 3-11

5. 跪坐压脚尖

预备姿势：练习者跪坐，两腿两脚并拢，脚面绷直贴于地面，协助者前脚掌踩在练习者的脚心处，双手搭在练习者肩上。

动作做法：协助者适度用力踩在练习者的脚心处 30～50 秒。然后双方互换练习（图 3-12）。

动作要求：练习者挺胸、收腹，腰背挺直。

6. 直角坐压脚尖、

预备姿势：练习者坐地，双手体后撑地。协助者蹲于练习者的脚前，两手按在练习者的脚趾关节处。

动作做法：协助者有节奏地下压练习者的脚趾关节，一拍一压，重复 20～30 次后，当压至最大限度时控制 20～30 秒，然后双方互换练习（图 3-13）。

图 3-12

图 3-13

动作要求：练习者保持两腿伸直、挺胸、立腰、立背的姿势；协助者按压时要逐渐加大力度。

7. 体前屈压腿

预备姿势：坐地，两腿并拢伸直，绷脚面（图 3-14）。

动作做法：

（1）右臂伸直摸左脚头，左臂伸直侧后上举，头向左转，同时上体前屈下压，一拍一压，重复 16 ~ 20 次后，上体前屈下压至最大限度，控制 10 ~ 20 秒，然后换方向练习（图 3-15）。

（2）分腿坐，双手在体后扶地，上体前屈下压，一拍一压，重复 16 ~ 20 次后，上体前屈下压至最大限度时控制 10 ~ 20 秒（图 3-16）。

图 3-14

图 3-15

图 3-16

动作要求：

（1）前正压腿时，胸腹尽量贴近大腿，脚面绷直。

（2）分腿前压时，尽量用腹部贴近地面。

8. 体侧屈压腿

预备姿势：坐地，右腿前屈，左脚向侧伸直，脚面向上，右手三位，左手扶右脚面（图 3-17）。

动作做法：上体向左侧屈，一拍一动，重复 16 ~ 20 次后，上体向左侧屈至最大限度时，控制 10 ~ 20 秒。然后换方向练习（图 3-18）。

图 3-17

图 3-18

动作要求：肩和腰侧带动上体，完成侧压腿动作，动作幅度要大，在练习过程中注意保持挺胸的姿势。

9. 体后屈压腿

预备姿势：左腿向后伸直，右腿前屈跪坐，上体正直，双手体侧扶地（图 3-19）。

动作做法：上体后屈向后振，一拍一动，重复 16～20 次后，当上体后屈至最大限度时，头向后仰，同时左小腿后屈，控制 10～20 秒。然后换腿练习（图 3-20）。

图 3-19

图 3-20

动作要求：上体后屈振动幅度要大，后腿要伸直，脚面绷直。

10. 仰卧踢腿

预备姿势：仰卧，两腿并拢伸直，绷脚面，两臂侧举（图 3-21）。

动作做法：左脚伸直向上踢，还原。然后换右腿踢（图 3-22）。

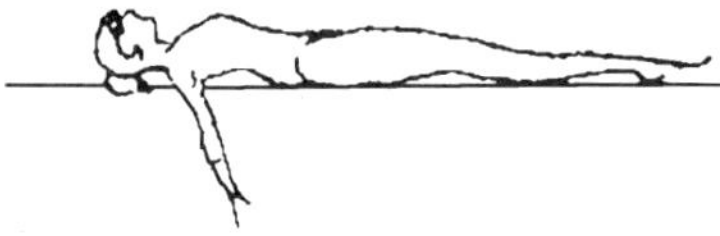
图 3-21

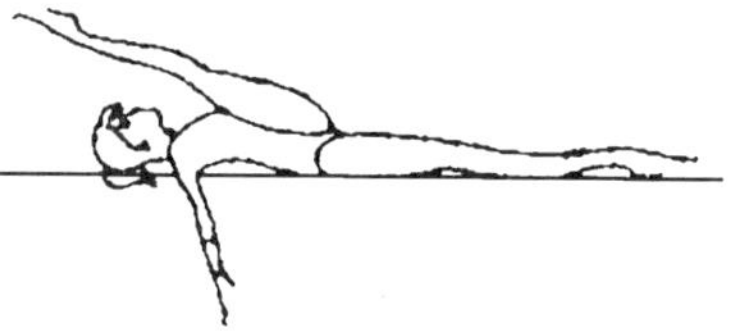
图 3-22

动作要求：用脚面带动腿上踢，腿要伸直；踢腿时髋关节用力，尽量向上踢起，回落要有控制。左、右腿各踢 16～20 次。

11. 侧卧踢腿

预备姿势：右侧卧，两腿并拢伸直，绷脚面，屈臂侧撑地（图 3-23）。

动作做法：左腿伸直向侧上方踢，然后还原。练习 16～20 次后换方向练习（图 3-24）。

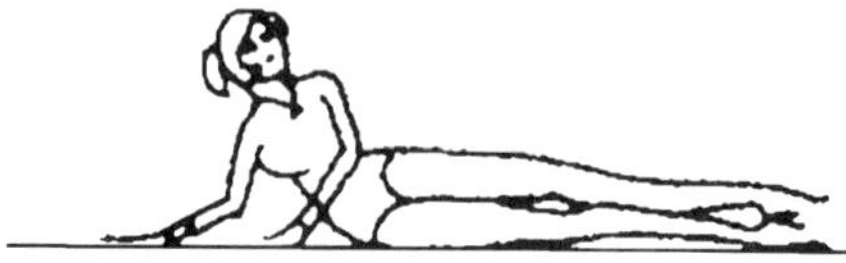
图 3-23

图 3-24

动作要求：踢腿时脚面向上，踢腿动作迅速而有力，回落要有控制。

12. 跪撑后踢腿

预备姿势：跪撑，右腿向后伸直，绷脚面点地（图 3-25）。

动作做法：右腿向后上方踢，然后还原。练习 16 ~ 20 次后，换左腿练习（图 3-26）。

图 3-25　　图 3-26

动作要求：踢腿时抬头、挺胸、塌腰，腿后踢要有力，回落要有控制。

13. 仰卧腿屈伸外展

预备姿势：仰卧，两腿并拢上举，两臂侧平伸（图 3-27）。

动作做法：上两腿侧屈，足心相对，接着两腿伸直外展，再还原成预备姿势（图3-28）。

图 3-27　　图 3-28

动作要求：上体紧贴地面，腿外展时幅度要大，脚面绷直。练习 16 ~ 20 次。

14. 侧卧弹踢举腿

预备姿势：右侧卧，两腿并拢，两臂体侧撑地（图 3-29）。

动作做法：左腿侧吸脚尖触右膝部，接着左腿向上弹踢伸直外展，右腿上举与左腿并拢。然后右腿先慢慢放正点后，左腿再慢慢放下，还原成预备姿势（图 3-30）。

图 3-29　　图 3-30

动作要求：脚面绷直，腿回落速度慢而匀速。左、右腿各练习 16～20 次。

15. 坐姿摆腿

预备姿势：坐式。右腿伸直，绷脚面。左腿屈膝，脚尖前点地，双手扶左膝（图3-31）。

动作做法：右腿伸直上摆腿，还原。练习 20～40 次后换左腿练习（图 3-32）。

图 3-31

图 3-32

动作要求：除动力腿外其他部位保持不动，摆动时要有力度和停顿。经常练习可消减腿部多余脂肪。

16. 侧卧摆腿

预备姿势：右侧卧，右肘支撑地面，抬高上体，左手手掌胸前撑地，两腿并拢伸直，绷脚面（图 3-33）。

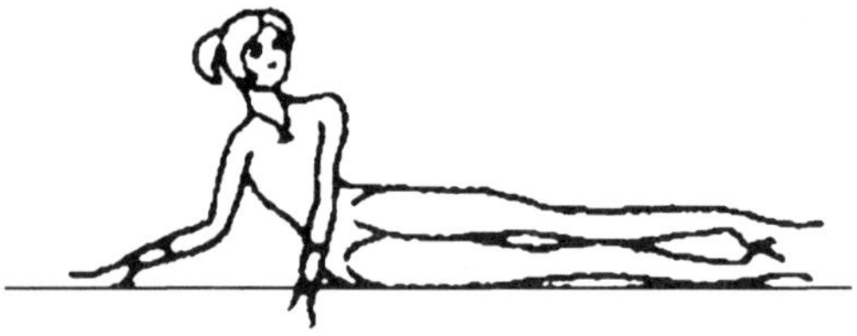

图 3-33

动作做法：

（1）左腿脚面绷直向侧上摆，还原。练习 20～30 次后，接着左腿勾脚面向侧上摆，还原（图 3-34）。练习 20～30 次后换右腿练习。

（2）右侧卧，右肘关节撑地，左腿屈膝在右腿前脚头点地，左手抱左脚踝处。右腿伸直绷脚面上摆。练习 30～40 次后换方向练习（图 3-35）。

图 3-34

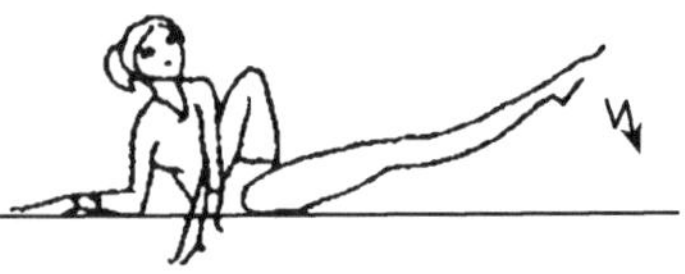

图 3-35

动作要求：摆腿时除动力腿外其他部位保持不动，摆动高度不得超过头部，摆动要有力度和停顿。经常练习可减少大腿内、外侧多余脂肪。

17. 背腿俯撑

预备姿势：双手在足尖前约1米处撑地，臀部上提。

动作做法：左腿弯曲，搭在右腿外侧，右脚跟上压着地，静止10～20秒。然后换腿练习（图3-36）。

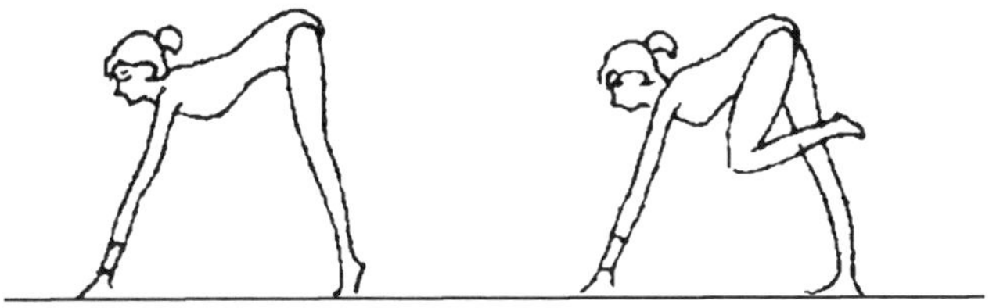

图3-36

动作要求：支撑腿脚跟用力下压着地，左、右腿各做3～5次。经常练习可使小腿肌肉线条修长。

（三）注意事项

（1）在地上进行下肢练习时，应注意上体动作保持直立。

（2）地上动作的下肢练习应从远端关节开始，由远到近，即脚趾关节、踝关节、膝关节，最后是髋关节的练习。

（3）在针对某一关节的练习时，应注意其后关节的姿态和控制。

二、跪立

1. 半劈腿左（右）侧坐

预备姿势：两腿跪立，两臂侧举。

动作做法：身体重心向左移坐地，左臂于左侧撑地，右腿向侧伸出点地，右臂经体侧至左前平举（图3-37）。

图3-37

动作要求：

（1）右腿侧伸时，髋打开，防止臀部后坐、收髋；身体稍向左侧倒时，注意挺胸、立腰。

（2）这一动作也可由站立开始，左腿向后跪立侧坐，右臂侧上举或其他姿势。

2. 两腿跪立、含胸展胸

预备姿势：两腿跪立，两臂自然下垂，含胸低头，后背成圆形。

动作做法：

1–2 拍：以肩开始展胸、抬头至挺胸，同时两臂在体后自然下垂。

3–4 拍：以胸、肩向前含胸、低头，还原成预备姿势（图 3-38）。

图 3-38

动作要求：

（1）含胸时两肩放松，向前含胸、低头，胸脊椎向前呈弓形。

（2）这一动作可以站立或配合舞步进行。

3. 一腿跪立（或两腿跪立）体侧屈

预备姿势：两腿跪立，两臂侧平举。

动作做法：两臂从上向下胸前交叉绕环至侧平举，随着身体向左侧屈，眼看左下方（图 3-39）。

动作要求：

（1）注意上体不要前倾或后仰。

（2）这一动作也可两腿跪立做，左臂屈肘侧举，手指触头后部。

4. 跪撑压足尖

预备姿势：两脚跪立，两手撑地。

动作做法：两手撑地、双膝离地，脚尖撑地有弹性地按节奏向下压脚尖（图 3-40）。

图 3-39

图 3-40

动作要求：

（1）压脚尖时，注意踝关节伸直，重心落在脚尖上。

（2）这一动作可伸直膝关节进行或跪坐进行。

5. 两腿跪立，涮腰成单腿跪立，另一腿侧点地

预备姿势：两腿跪立，两臂左侧平举。

动作做法：上体前屈向右涮腰一周，接着两臂右侧平举，左腿侧伸，脚尖点地（图3-41）。

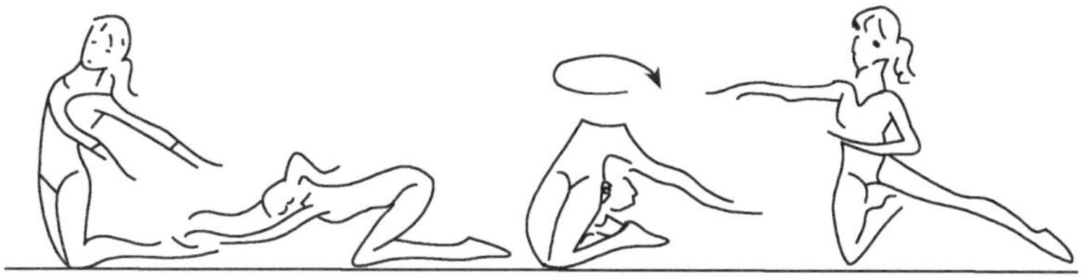

图 3-41

动作要求：

（1）上体旋转，所经路线应在一水平面上。

（2）手臂的结束姿势也可以是左侧上举。

6. 跪坐前移重心成俯卧撑

预备姿势：跪撑。

动作做法：臀部后坐，上体尽量前屈，两臂前伸，然后塌腰、挺胸，沿地面向前移动成俯卧撑。接着收腹提臀向后移重心成跪坐，两手保持撑地（图3-42）。

图 3-42

动作要求：

（1）身体的起伏要明显，向前、后移动时，胸部应尽量贴近地面，使背成凹形。

（2）成俯卧撑时，要尽量挺胸。

7. 两腿跪立压肩（或胸）

预备姿势：两腿跪立，两臂撑地。

动作做法：两腿跪立，上体尽量前屈，尽量使胸、肩接触地面，两臂前伸着地，有弹性地按节奏上下振动压其肩部或胸部（图3-43）。

动作要求：

（1）臀部位置要高，大小腿呈 90°，尽量挺胸、塌腰，使肩、胸靠近地面振动。

（2）可在同伴的助力下压或搬肩、胸（图 3-44、图 3-45、图 3-46、图 3-47）。

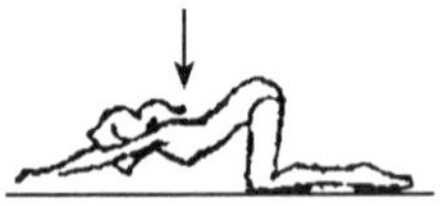

图 3-43

图 3-44

图 3-45

图 3-46

图 3-47

8. 跪坐撑，左（右）滚动 360°

预备姿势：两腿跪坐，体前屈，两臂前伸撑地。

动作做法：身体向左（右）滚动成分腿前举仰卧，然后再右（左）滚动成左（右）腿跪立，右（左）腿屈膝体前着地（用脚头）。右（左）、左（右）臂依次上举（图 3-48）。

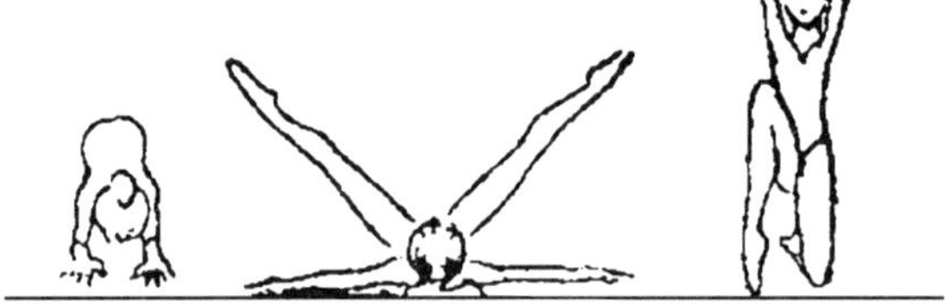

图 3-48

动作要求：

（1）滚动时以臀为轴，动作圆滑。

（2）初学时同伴可站在练习者的右（左）后方用手推练习者的臀部，使之滚动圆滑。

9. 两腿跪立，向左（右）转 360° ~ 540°.

预备姿势：两腿跪立，两臂左侧举。

动作做法：两膝跪立，两小腿离地，两臂向右（左）上方摆动，以两膝为轴向右（左）转360°或540°（图3-49）。

图3-49

动作要求：

（1）转体时，身体重心升高，身体的重心与两膝在一直线上。

（2）初学者先练习以挥臂带动两膝为轴转体180°，然后再转体360°或540°。

10. 单腿跪立，一腿侧举转体360°~540°

预备姿势：左（右）腿跪立，右（左）腿侧伸点地，两臂右（左）侧平举。

动作做法：右（左）腿侧举，以左（右）膝为轴，左（右）臂向左（右）侧摆动，接着两臂经前举至上举。同时右（左）腿向前摆（屈膝）左（右）转180°、360°、540°（图3-50）。

图3-50

动作要求：转体时上体保持直立姿势，防止身体向前、后、左、右倾斜。初学时转体度数由小逐渐加大（180°→360°→540°）。

三、直角坐

1. 直角坐撑两腿交叉摆动

预备姿势：直角坐撑。

动作做法：两腿左右分开后，左右交叉摆动，并反复进行。第一次交叉时右腿在上，第二次交叉时左腿在上（图3-51）。

动作要求：

（1）上体和两腿呈90°，注意抬头、挺胸，两臂后撑要伸直。

（2）在直角坐的重心比较稳定后，可以两臂侧平举，但要保持身体和腿呈直角。

图 3-51

（3）这一动作也可两腿上下交换做。

2. 屈体坐成仰撑

预备姿势：屈体坐，两臂上举。

动作做法：上体直立，两臂向后绕至体后撑地，接着髋、腹部向上挺开，然后还原成预备姿势（图 3-52）。

图 3-52

动作要求：

（1）双手后撑时，身体要挺开，不能收腹屈髋。

（2）初学时，同伴可站在练习者侧面用手托住练习者的腰部，使初学者身体充分挺开。

3. 单臂撑摆单腿转体 180°～360°

预备姿势：屈右腿坐，左手后侧撑地。

动作做法：左脚蹬地，右腿屈膝向左上摆起，以左臂为轴，向左转体 180°经右膝跪撑成屈左腿的半劈腿（图 3-53）。

图 3-53

动作要求：

（1）转体时重心要落在左臂上，左脚蹬地后身体在空中要伸展，不收腹、屈髋。

（2）初学时可先转 180°，有基础后再转 360°。

（3）初学时，同伴可站在练习者的右侧，用左手握练习者的左臂，右手向上托练习者的左侧髋部。

4. 屈腿坐单臂撑挺身起

预备姿势：屈腿坐，左臂后侧撑地，右臂前上举。

动作做法：左臂推地，重心前移，膝、髋、腰、胸尽量前顶，右臂尽量向前上方伸，抬头、挺身起成站立，左臂后下举（图 3-54）。

图 3-54

动作要求：

（1）屈腿坐撑时，两踵尽量靠近臀部，用力推手，挺身。

（2）初学时，同伴可在练习者的前侧方，用手向前上方托练习者的腰，帮助练习者体会重心前移，膝、髋、腰、胸依次向前顶的动作。

四、俯卧

1. 俯卧挺身

预备姿势：俯卧，两臂向上举。

动作做法：两腿后举的同时尽量挺身、挺胸抬头，两臂前上振，然后还原成俯卧（图 3-55）。

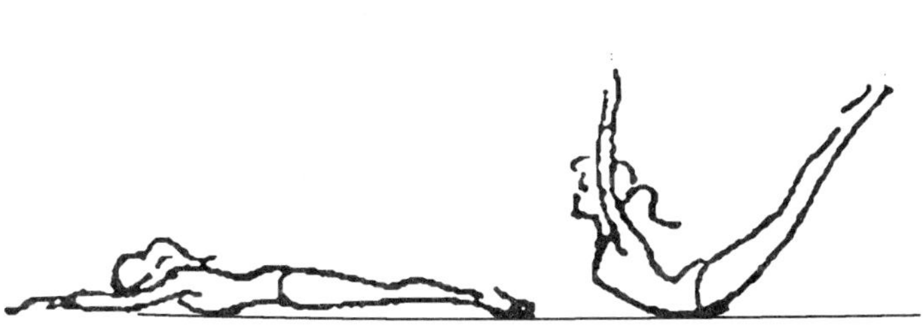

图 3-55

动作要求：充分挺身，两膝并拢，抬头、挺胸。

2. 俯卧后举腿

预备姿势：俯卧，两臂上举。

动作做法：上体不动，两腿伸直、并拢，尽量后举（图 3-56）。

图 3-56

动作要求：

（1）两腿后举时，注意并拢、伸直。

（2）可在练习者脚的上方吊个标志物，使练习者的脚尽量去触标志物。

（3）开始练习时，两腿可轮流后举。

3. 俯卧单结环（或双结环）

预备姿势：俯卧，两臂上举。

动作做法：两手撑地，上体抬起，抬头、挺胸的同时，左（右）腿尽量屈膝后举，脚尖触头后部（图 3-57）。

动作要求：

（1）身体后屈度要大，以提高环的高度。

（2）初学时，同伴可帮助抬练习者的大腿，使后屈的脚能触到头后部。

（3）单结环掌握熟练后，可以做双腿结环（图 3-58）。

图 3-57

图 3-58

4. 俯卧半劈腿

预备姿势：俯卧，两臂上举。

动作做法：左腿后举，右膝弯屈，脚尖触左腿膝部或大腿（图 3-59）。

动作要求：

（1）左腿伸直，尽量后举。右脚尖尽量触及左膝的上部（大腿），以提高自身的重心。

（2）这一动作掌握熟练后，也可将两腿平行进行练习（图 3-60）。

5. 俯卧拉肩

图 3-59

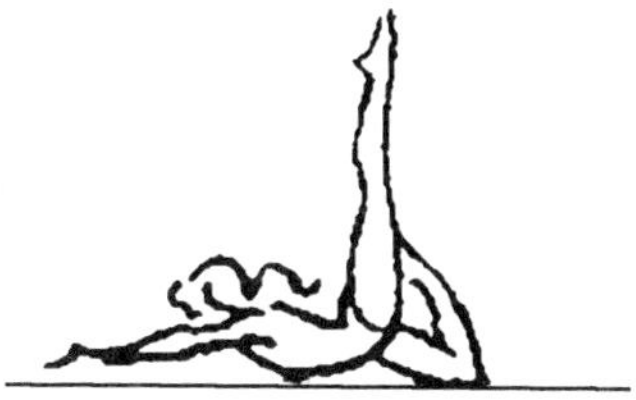

图 3-60

预备姿势：俯卧，两臂上举。同伴两脚分立站在练习者的背后。

动作做法：练习者尽量抬头、挺胸、两臂后举。同伴紧握练习者的手，有弹性地向上拉振（图 3-61）。

动作要求：

（1）练习时，注意身体不要抬起，以免减小拉肩的效果。

（2）为增强效果，同伴可一脚踩在练习者两肩之间（图 3-62）。

图 3-61

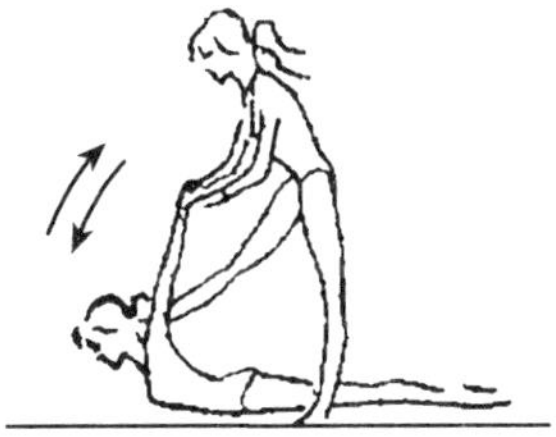

图 3-62

五、仰卧

1. 仰卧举腿

预备姿势：仰卧，两臂侧举或上举。

动作做法：左右两腿轮流上举（图 3-63）。

动作要求：

（1）直膝上举，有控制地放下，未上举的腿，保持伸直，不要离地。

（2）这个动作也可两腿同时举起和放下。

2. 仰卧屈体

预备姿势：仰卧，两臂上举。

动作做法：双脚举成直角坐，两手触足尖（图 3-64）。

动作要求：举腿有力，膝部伸直，放下时有控制。

3. 仰卧挺胸起坐

预备姿势：仰卧，两臂上举（也可侧举）。

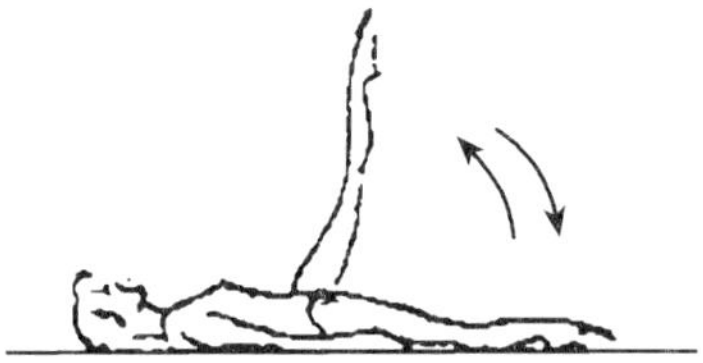

图 3-63

图 3-64

动作做法：胸、腰用力上挺离地，抬头成坐，两臂经侧下压至体侧撑地（图 3-65）。

图 3-65

动作要求：

（1）胸、腰上挺时，注意保持抬头姿势。

（2）初学时，同伴可站在练习者体侧，一手托练习者腰部，帮助其挺胸、腰成坐。

4. 屈腿仰卧成仰撑

预备姿势：屈腿仰卧，两臂侧举，手心向下。

动作做法：胸、腰上挺，同时腿部伸直，肩部向侧外展，两手撑地，接着腹部挺起成仰撑（图 3-66）。

图 3-66

动作要求：

（1）肩部外展，两臂靠近体侧，腹部打开。

（2）要尽量做到抬头、挺身，两脚尖有力支撑，两膝不要弯屈。

5. 仰卧推桥

预备姿势：预屈膝分腿仰卧，两臂屈肘于肩后撑地（手指方向靠近肩部）。

动作做法：两手推地，两足蹬地，腰腹上挺，身体尽量后屈，抬头推桥的过程后，紧接着前移重心，两手离地成站立（图 3-67）。

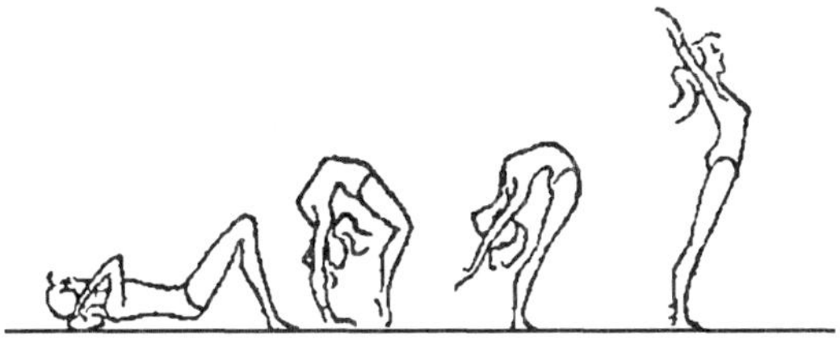

图 3-67

动作要求：

（1）推桥起的过程中注意不要低头，推桥及前移重心两个过程要注意衔接。

（2）初学时，同伴可站立于练习者前侧方，双手托住练习者的腰，帮助推桥起成站立。

6. 仰卧侧滚 360°

预备姿势：仰卧，两臂上举。

动作做法：上体拧转，带动髋，腿向左转 180°成俯卧，接着利用惯性继续转 180°成仰卧（图 3-68）。

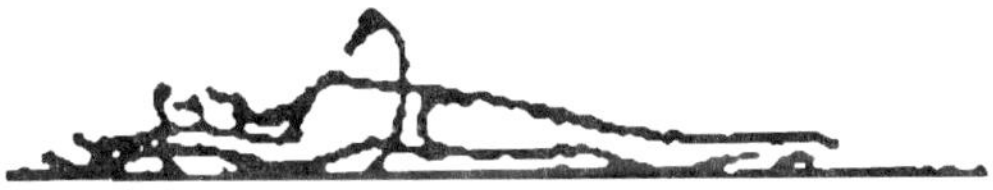

图 3-68

动作要求：两脚伸直、并拢，身体各关节和肌肉要有力地控制。

7. 仰卧团身侧滚 180°（或 540°）成半劈腿

预备姿势：团身仰卧，两臂上举。

动作做法：上体拧转，带动髋、腿向左转 180°（或 540°），右腿向后下伸直。右左臂在转体的最后 90°以内，依次地推撑地面，使上体直立成半劈腿，两臂前上举（图 3-69）。

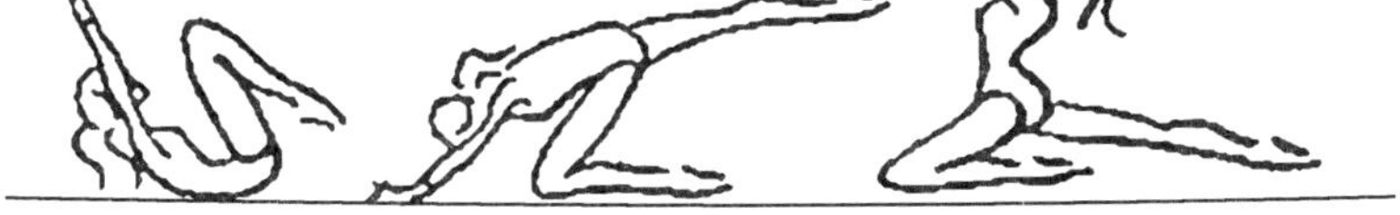

图 3-69

动作要求：

（1）滚动时，两腿要弯屈、收紧，保持团身姿势。

（2）初学时，注意循序渐进，转体度数由少到多：180°→360°→540°。

8. 单肩后滚翻成单膝跪撑

预备姿势：仰卧，两臂侧举。

动作做法：收腹举腿翻臀，头向右偏，当肩部着地时，右手撑地。在臀部翻过垂直部位时，左腿屈膝着地，右腿向上方伸出，接着左手撑地成右腿后上举的单膝跪撑（图3-70）。

图3-70

动作要求：

（1）注意头部尽量左偏，身体翻转要正。

（2）初学时，可由同伴蹲在练习者的左侧，一手托肩，一手托后腿助其翻转和维护平衡。

六、把杆基础练习

（一）把杆基础练习的作用

把杆练习是练习者借助扶持把杆进行的徒手练习，它是形体训练的重要手段之一。通过训练，可增强练习者对身体重心的控制，提高平衡能力；同时发展练习者的下肢及躯干的力量、柔韧、灵巧、协调等素质，为中间姿态练习打下良好的基础。

1. 双手把杆（图3-71）

面对把杆，身体与把杆相距一脚，双手轻放在把杆上，肘关节自然弯曲，肩关节放松下沉（即不端肩），两手扶把的距离为肩宽，挺胸、立腰、收腹，臀部和腿部夹紧内收。脚的站立根据练习动作的需要而定。

2. 单手扶杆（图3-72）

侧向把杆站立，单手平放在体前一步的把杆上，肘不靠扶把，另一手叉腰，站立的姿态要求与双手把杆相同。

把杆的高度，一般在练习者的水平位置较合适。初学时，可面对把杆站立，在掌握好重心和平衡以后，可单手扶把或离把杆做练习。在没有把杆的情况下，可利用肋木和平衡木等进行练习。

（二）把杆基础练习的内容

1. 下肢练习

通过下肢练习，可增强练习者下肢的柔韧性、灵巧性和力量性，培养身体重心的控制能力和腿部开、绷、直的能力，使腿部肌肉富有弹性，肌肉线条更加优美。

图 3-71

图 3-72

（1）芭蕾舞的五个脚位。

动作做法（图 3-73）：

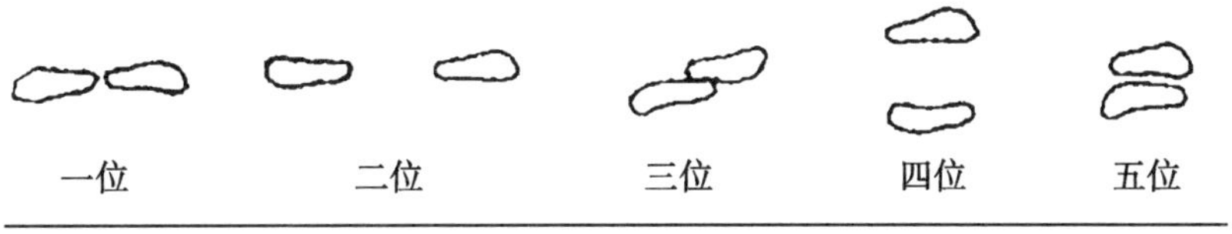

图 3-73

一位——两脚外开，脚跟靠拢，两脚成“一”字，重心在两脚上。

二位——两脚外开，两脚跟相距一横脚，重心在两脚上，两脚成一直线。

三位——两脚外开，一脚脚跟紧靠于另一脚脚弓处，重心在两脚上。

四位——两脚外开，前后平行分立，相距一脚，重心在中间。

五位——两脚外开，前后平等靠拢，重心在两脚上。

动作要求：

①在练习站位时，必须保持正确的站立姿势，即膝关节伸直，臀部和两腿夹紧，收腹、立腰、挺胸、沉肩，头正直，两眼平视前方。

②练习站位时，要求髋关节外旋，对初学者不能勉强上开 180°，可由 100°开始，再逐渐加大。

（2）起踵。

动作做法：脚站一位（或其他位置），脚跟慢慢离地，至前脚掌立为止，然后，脚跟慢慢落下还原。

动作要求：

①起踵时，脚跟尽量同上拔起，踝关节向外顶，膝关节伸直。

②落下时，踝关节应控制重心，慢慢落下，同时膝关节保持伸直。

（3）压脚跟。

动作做法：在脚站一位（或其他部位）起踵的基础上，经脚掌到脚跟，快速用力下压，再快速用力起踵。

动作要求：练习时，膝髋不许松动，起踵要高，下压和起踵都要快速有力，并经过脚掌到脚跟的滚动。

（4）蹲：分半蹲和全蹲。常用一、二、四、五位的蹲。

动作做法（图3-74）：

图3-74

半蹲——脚站二位（或一、四、五位），上体保持正直，膝对准脚尖方向，缓缓下蹲到最大限度，蹲时脚跟不离地。然后慢慢站起到腿部完全伸直。

全蹲——脚站一位（或二、四、五位），在半蹲的基础上继续下蹲时，逐渐起踵（二、四位全蹲，脚跟不离地），下蹲至臀部接近脚跟为止。然后脚跟往下压，再慢慢起立至腿部完全伸直。

动作要求：

①下蹲时，上体正直，不能前倾或后仰，重心均匀地分布在两脚上。

②躯干挺直，后背、腹部、臀部肌肉收紧，膝对准脚尖方向。

③半蹲时脚跟不离地，全蹲时脚跟离地越晚越好。起立时应先压下脚跟再慢慢起立。

④蹲过程中肌肉用力要有对抗感。

（5）擦地：分前擦、侧擦、后擦地。常用一位或五位擦地。

动作做法（图3-75）：

前擦——脚站一位（或五位），一腿支撑，另一腿以脚跟带动向前擦地至脚完全绷直，脚尖外侧点地为止。收回时以脚尖带动，直膝用力收回成一位。

侧擦——脚站一位（或五位），一腿支撑，另一腿脚尖带动向侧擦出至最远点，与支撑脚在一直线上，脚背向上，脚尖点地为止，收回时脚跟带动，直膝用力收成一位站立。

后擦——脚站五位（或一位），前腿支撑，后腿脚尖带动向后擦出，至脚背完全绷直，脚尖内侧点地，脚背向侧为止；收回时，脚跟带动收成五位站立。

动作要求：

①擦地时，身体始终保持正确的站立姿势，身体的重心落在支撑腿上，两腿保持笔直，髋不能随动作前、侧、后移动。

②擦出的腿外开收紧，脚尖始终不离地面，收回时应全脚着地，用力回夹。

③擦出的方向要正，向前和向后擦地的方向应在支撑腿脚跟的前后延长线上，侧擦的方向应与支撑脚成一直线。

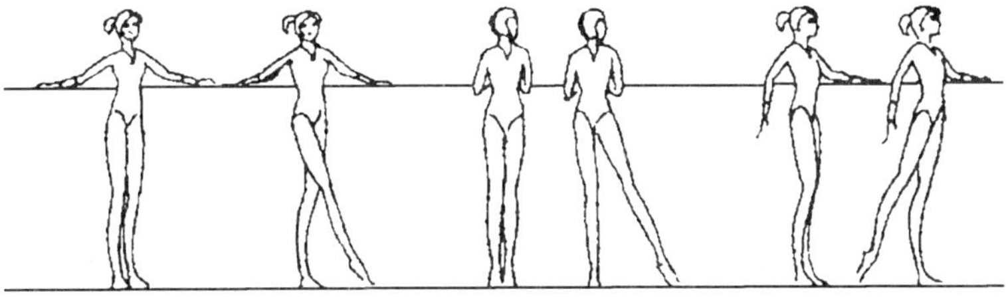

图 3-75

④擦出后点地的部位应准确，脚跟用力要清楚。前点地时，脚跟应向前顶，脚背向侧；侧点地时，脚跟用力向侧顶脚背；后点地时，脚跟向下压，脚背向侧。

(6) 小踢腿：分向前、向侧、向后小踢腿。

动作做法（图 3-76）：

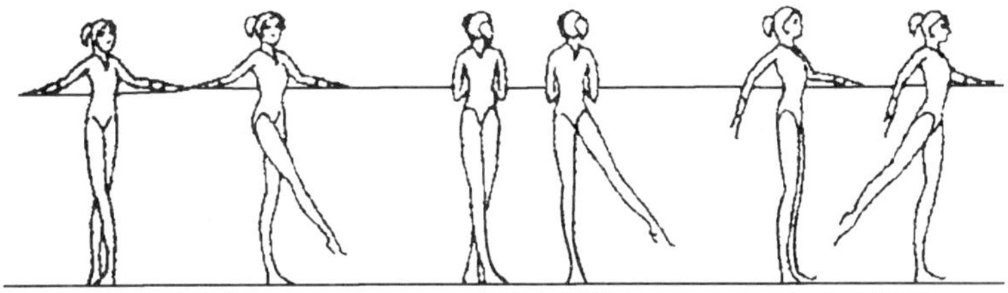

图 3-76

脚站五位，一脚支撑，另一脚向前（或侧、后）经擦地后用力踢起 25°，然后突然停住，收回时脚尖先着地，经擦地收成五位。

动作要求：

①踢出和收回都要经擦地，踢出时要快速有力，到位时应制动，收回时经点地收回。

②身体重心在支撑腿上，上体正直，不能向左右、前后倾斜。后踢时，髋可稍前倾。

(7) 小掖腿：分前、后小掖腿。

动作做法（图 3-77）：

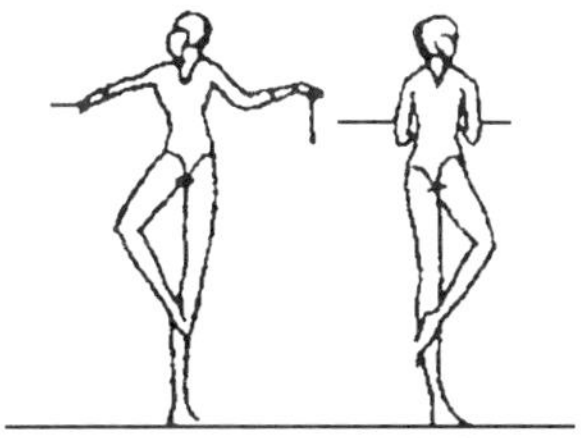

图 3-77

前小掖腿——从五位站立开始，支撑，向侧吸起，使脚尖外侧贴在支撑腿内踝上方，脚跟前顶，绷脚前，髋、膝外开。

后小掖腿——从五位站立开始，左腿支撑，右腿向侧吸起，使脚跟内侧贴在支撑脚小腿肚下，绷脚外展，髋、膝外开。

动作要求：身体保持正直，掖腿的部位准确，绷脚尖，膝、髋尽量外开。

（8）吸腿：分前、侧、后吸腿。

动作做法（图3-78）：

图3-78

前吸腿——脚站五位，一腿支撑，另一腿屈膝提起，膝正对前方，绷脚尖，脚内侧靠在支撑腿膝关节的内侧。

侧吸腿——脚站五位，一腿支撑，另一腿屈膝提起，膝、髋外开，绷脚尖，脚尖触膝关节的内侧。

后吸腿——脚站五位，两腿支撑，后腿向后屈膝提起，小腿后抬，绷脚尖，脚底向上，被吸腿的膝关节靠拢支撑腿的腘窝处。

动作要求：

①前吸腿时大腿要吸平。后吸腿时小腿向后上方抬高，上体保持正直。

②侧吸腿的脚应沿着支撑腿内侧吸起，膝、髋外开。

（9）小弹腿：分向前、向侧、向后小弹腿。

动作做法（图3-79）：

图3-79

小弹腿是在吸腿的基础上，膝关节抬起的高度不变，以膝为轴，小腿作快速向前（或向侧、向后）伸直的动作。

动作要求：

①弹腿时，以膝为轴弹出，绷腿不能抬高或下降。

②弹腿时，快而有力，脚面伸直，脚尖向下。

③身体保持正确的站立姿势，支撑腿伸直。

（10）移重心：分左右、前后移重心。

动作做法：

左右移重心——左脚站立，右脚侧点地，由左腿屈膝开始，经两腿屈膝将身体重心移向右腿，左脚侧点地，右腿伸直。然后换方向做［图3-80（a）］。

前后移重心——左脚站立，右脚前点地，由左腿屈膝开始，经两腿屈膝将身体重心向前移至右腿上，左腿后点地，右腿伸直。接着换方向做向后移重心［图3-80（b）］。

左右移重心

图3-80（a）

前后移重心

图3-80（b）

动作要求：

①移重心时上体正直，两腿要求经过左（右）腿屈膝、两腿屈膝、右（左）腿屈膝三个环节，动作要柔和、连贯，有起伏。

②左右移重心应经过二位半蹲，前后移重心应经过四位半蹲，二、四位半蹲时，膝向外。

（11）画圆：分向外、向内画圆。

动作做法：

向外画圆——脚站一位，一腿支撑，另一腿以髋关节为轴经向前擦地后，向外画到侧点地，再画到后点地，经擦地收回成一位（图3-81）。

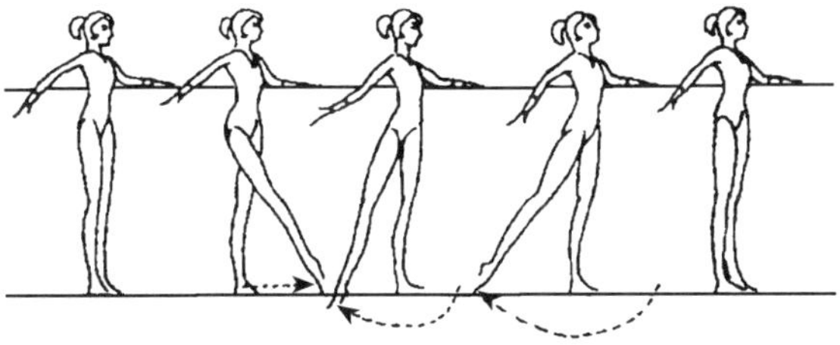

向外画圆

图3-81

向内画圆——其腿的运动路线正好与向外画圆相反。

动作要求：

①画圆时重心始终在支撑腿上，髋关节要固定，身体保持正确的站立姿势。

②动作腿的脚尖在画圆的过程中，必须经过前、侧、后点地，动作要连贯、平衡。

③画圆时以支撑腿的脚跟到动作腿的脚尖的距离为半径，画个半圆形。

④画圆时支撑腿可伸直，也可由半蹲到动作腿收回成一位时伸直，而动作腿始终保持伸直。

（12）压腿：可分为正、侧、反压腿。

动作做法（图3-82）：以右腿为例。

正压腿——面向把杆，左手扶把，右臂三位，左腿支撑，脚尖正对把杆，右腿伸直斜约45°角置于把杆上，上体正对右腿，压腿时，尽量用胸去触右腿。

侧压腿——面向把杆，右手扶把，左臂三位，左腿支撑，脚尖侧对把杆，右腿伸直斜约45°角置于把杆上，右肩对准右腿，压腿时，尽量用右肩去触右腿。

后压腿——侧对把杆站立，左手扶把，右臂三位，左腿支撑，脚尖外开，右腿伸直后置于把杆上，上体正对前面，压腿时，左腿屈，上体尽量向后屈，用头去贴近腘窝。

图3-82

动作要求：

①正、侧压腿时，要求支撑腿、被压腿和上体都保持正直，后压腿时被压腿应伸直。

②正压腿要求收髋关节，而侧压腿要求髋关节打开，后压腿的髋关节正对前面。

③被压腿应绷直脚头，保持“开、绷、直”。

（13）搬腿：分前、侧、后搬腿。

动作做法（图3-83）：以右腿为例。

左腿支撑，左手扶把杆，右腿先向前（或侧、后）吸腿，同时右手握住右踝（后搬时，右手握右膝）关节，再伸直腿用力向上（侧上、后上）方举起控制一定的时间。

动作要求：

①在向前和向侧搬腿时，上体保持正直，髋不前送或侧送，支撑腿和动力腿都要伸直。

②搬后腿时，上体后屈，动力腿伸直。

③搬腿可自己搬，也可由别人帮助搬。

④搬腿时，根据个人的情况，逐渐增加高度，不可急于求成。

（14）控腿：分前、侧、后控腿。

动作做法（图 3-84）：以右腿为例。

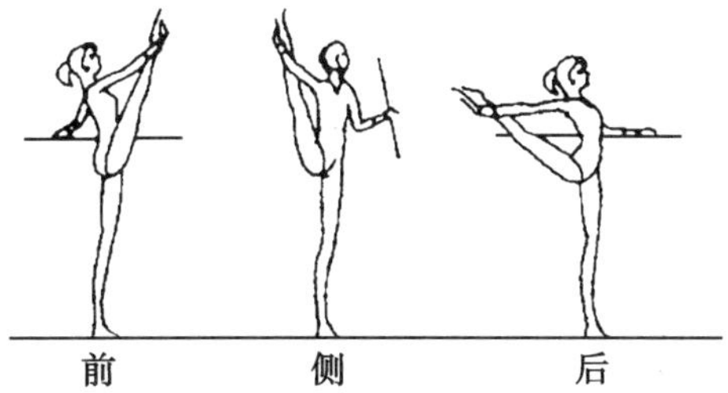

图 3-83

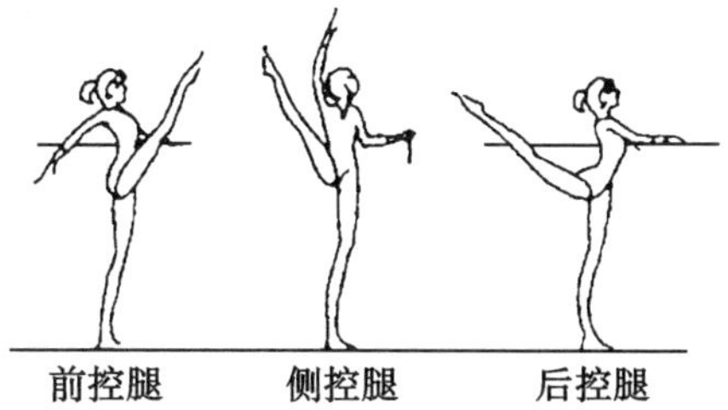

图 3-84

侧对把杆站立，左腿支撑，左手扶把，右臂七位，右腿伸直向前（侧、后）上举到一定的高度，控制一定的时间。

动作要求：

①腿尽量控制不要下落。

②控腿时，上体、支撑腿、被控腿都应保持直，切忌送髋、含胸。

（15）大踢腿：分前、侧、后踢腿。

动作做法（图 3-85）：以右腿为例。

侧对把杆，右脚在前五位站立（后踢腿右脚在后），左手扶把，手臂七位，右脚经擦地后快速向上（侧上、后上）方踢起，踢的高度在 90°以上，然后有控制地下落，经擦地收回。

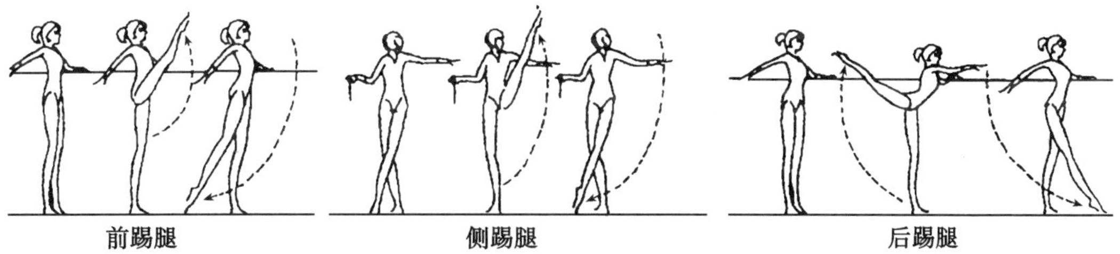

图 3-85

动作要求：

①踢腿时要快速有力，不要做匀速摆腿。

②重心在支撑腿上，支撑腿与动作腿都要伸直。上体保持正直，不能含胸、埋头，头应向上顶，髋要正，不要前送或后坐。后踢时，上体可稍向前。

2. 躯干练习

通过躯干练习，可增强练习者肩部、胸部和腰部肌肉的柔韧性和脊柱各关节的伸展性、灵活性，从而大大增加躯干动作的幅度和美感，培养正确的躯干姿态，使身体富有曲线美。

(1) 压肩：分正压肩、拉反肩。

动作做法（图 3-86）：

正压肩——面向把杆，两腿开立与肩宽，两手相握，两臂伸直，将前臂置于把杆上，上体尽量前屈，使肩部和胸部有弹性，按节奏上下振动。

拉反肩——背向把杆站立，脚并拢，两手向后反握把杆，两手尽量靠近，尽量向前挺胸拉肩。

图 3-86

动作要求：

①正压肩时，尽量向下挺胸，塌腰，臀部向上，两腿伸直，特别应注意将肘关节伸直，使肩关节充分拉伸。

②拉反肩时，应站离把杆稍远一点，尽量向前挺胸、挺髋。

③可在同伴的助力下压肩或搬肩。

(2) 体侧屈（以右侧为例）。

动作做法（图 3-87）：

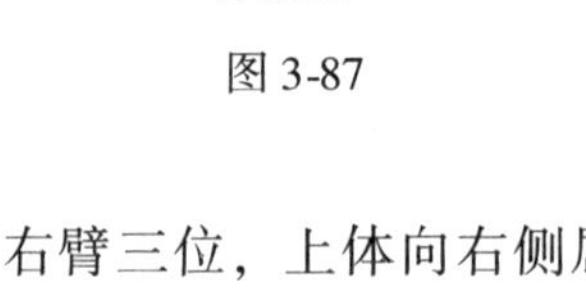

图 3-87

侧对把杆站立，左手扶把，右臂三位，上体向右侧屈，同时左臂伸直，右手靠近左手，使右侧腰韧带充分伸展。

动作要求：

①体侧屈时，要求挺胸，髋向右侧顶。

②应站离把杆近一些，可加大动作的幅度。

③此动作应左、右两侧都练习，幅度由小到大。

（3）下腰。

动作做法（图3-88）：

图3-88

侧对把杆，两腿开立与肩宽，左手扶把，右臂三位，头主动带动上体向后弯屈，向前顶髋，两腿伸直。

动作要求：

①下腰时，重心在两腿上。

②头主动后屈，胸部肌肉放松，尽量挺胸展腹。背肌应感到紧张，使上体尽量向后弯曲。

（4）全身波浪：可做身体前波浪、侧波浪和后波浪。

动作做法（图3-89）：

身体前波浪——侧对把杆两脚并立半蹲，左手扶把，右臂前举，含胸低头。由身体的膝、髋、腰、胸、头各关节依次向前上方挺出，同时起踵，右臂向后经下绕至上举。

身体侧波浪——面向把杆，双手扶把，左腿支撑，右腿侧点地。先屈左膝经二位半蹲后，右侧的膝、髋、腰、胸、肩、头向右上方依次挺起，眼看右上方，重心在右腿上。

身体后波浪——侧对把杆并立，右手扶把，左臂上举。在半蹲的同时上体前屈并依次塌腰、挺胸、抬头。然后，髋、腰、胸、肩和头依次向后上方挺起，使整个身体呈弓形，左臂经后下绕至前举。

动作要求：

①做前波浪时，膝、髋、腰、胸、头各部位一定要依次向前上方伸展。

②后波浪时，上体先充分地展，然后髋、腰、胸、头充分地依次含。

③侧波浪要求肩和髋要正对侧方，不许收髋翘臀。

④身体波浪动作要柔和、连贯、幅度大。

3. 把杆成套练习

（1）起踵、压脚跟。6×8 拍。

预备姿势：双手扶把一位立。

①1×8 拍：一位站立，体会正确的站立姿势。

②2×8 拍：动作同 1×8 拍。

③3×8 拍：1 拍为一位起踵。2 拍为落踵同一位。3–4 拍动作同 1–2 拍。5–8 拍动作

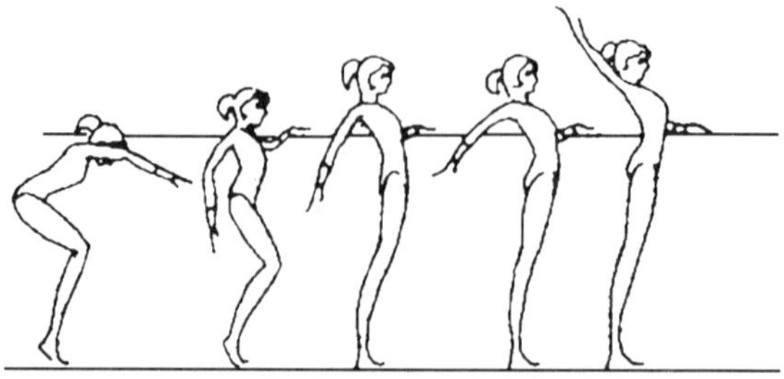

前波浪

侧波浪

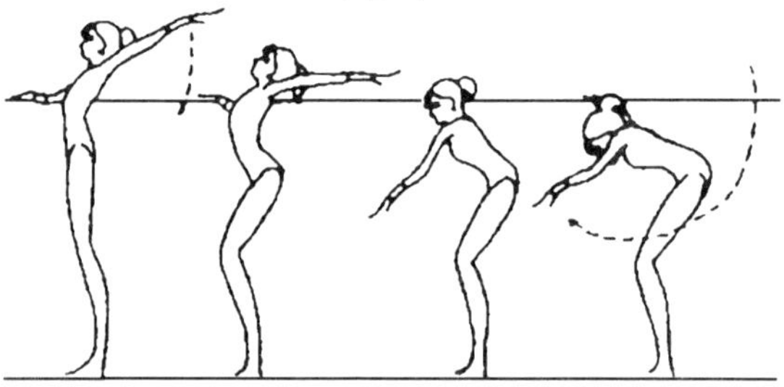

后波浪

图 3-89

同 1–4 拍。

④4×8 拍：动作同 3×8 拍。

⑤5×8 拍：压脚跟，一拍一动。

⑥6×8 拍：两腿起踵立，最后两拍落踵。

（2）小掖腿、吸腿。6×8 拍。

预备姿势：双手扶把，一位站立。

①1×8 拍：左腿支撑，右腿前小掖腿，最后两拍成一位站立。

②2×8 拍：换右腿支撑，左腿后小掖腿，最后两拍成一位站立。

③3×8 拍：左腿支撑起踵立，右腿前吸。

④4×8 拍：换左腿前吸，动作同 3×8 拍。

⑤5×8 拍：

1–6 拍：左腿起踵立，右脚后吸腿。

7–8 拍：成三位起踵。

⑥6×8 拍：1–6 拍动作同 5×6 拍中的 1–6 拍，但方向相反。7–8 拍为落踵成一位站立。

（3）蹲、移重心。8×8 拍。

预备姿势：双手扶把，二位站立。

①1×8 拍：1–4 拍半蹲。5–8 拍还原成二位站立。

②2×8 拍：1–4 拍半蹲。5–6 拍还原成二位站立。7–8 拍成左腿支撑，右脚尖侧点地。

③3×8 拍：1–4 拍向右移重心，左脚尖侧点地，手臂动作不变。5–8 拍动作同 1–4 拍，但方向相反。

④4×8 拍：1–4 拍动作同 3×8 拍中的 1–4 拍。5–6 拍向左移重心。7–8 拍成侧对把杆，左手扶把，右臂七位，右脚在前的四位站立。

⑤5×8 拍：1–4 拍右脚四位半蹲。5–8 拍还原成右脚四位站立。

⑥6×8 拍：1–6 拍动作同 5×8 拍中的 1–4 拍。7–8 拍成左腿支撑，右脚前点地。

⑦7×8 拍：1–4 拍向前移重心。5–8 拍向后移重心。

⑧8×8 拍：同 7×8 拍的动作。

（4）擦地、小踢腿、小弹腿。12×8 拍。

预备姿势：侧对把杆，左手扶把，右臂七位，成右脚在前的三位站立。

①1×8 拍：1–8 拍左脚向前擦地 4 次，2 拍完成 1 次。

②2×8 拍：1–4 拍右腿向前小踢 2 次，2 拍完成 1 次。5–8 拍向前弹腿 4 次，1 拍完成一次。

③3×8 拍：同 1×8 拍的动作。

④4×8 拍：同第 2×8 拍的动作。

⑤5×8 拍 ~ 8×8 拍：动作同 1×8 拍 ~ 4×8 拍的动作，然后换左脚做。

⑥9×8 拍 ~ 10×8 拍：换右腿向侧做，动作同 1×8 拍 ~ 2×8 拍。

⑦11×8 拍 ~ 12×8 拍：换左腿向侧做，动作同 1×8 拍 ~ 2×8 拍。

（5）划圆。8×8 拍。

预备姿势：身体侧对把杆站立，左手换把，右手叉腰，右脚在前三位站立。

①1×8 拍：1–4 拍左腿支撑，右脚向外画半圆 1 次。5–8 拍右脚向内画半圆 1 次。

②2×8 拍：同 1×8 拍的动作。

③3×8 拍：1–4 拍左腿半蹲支撑，右脚向外画半圆 1 次，右脚收回的同时左腿伸直，成三位站立。5–8 拍动作同 1–4 拍的动作，但方向相反。

④4×8 拍：同 3×8 拍。

⑤5×8 拍 ~ 8×8 拍：换左腿做，动作同 1×8 拍 ~ 4×8 拍。

（6）压肩、体侧屈、下腰。12×8 拍。

预备姿势：面向把杆，脚并立，体前屈，两臂伸直置于把杆上。

①1×8 拍：1–8 拍正压肩 4 次，2 拍完成 1 次。

②2×8 拍：1–6 拍动作同 1×8 拍的 1–6 拍动作。7–8 拍成身体侧对把杆并立，左手扶把，右臂三位。

③3×8 拍：1–8 拍向左体侧屈，2 拍完成 1 次。

④4×8 拍：1–6 拍向左体侧控制不动。7–8 拍成直立，右臂三位。

⑤5×8 拍：1–8 拍下腰，4 拍完成 1 次。

⑥6×8 拍：1–4 拍动作同 5×8 拍中的 1–4 拍。5–8 拍成背对把杆并立，两手背后握把杆，掌心向下。

⑦7×8 拍：1–4 拍压反肩，4 拍下蹲。5–8 拍向前挺胸、顶髋、拉肩。

⑧8×8 拍：1–4 拍动作同 7×8 拍中的 1–4 拍。5–8 拍成右手扶把，左臂三位侧对把杆并立。

⑨9×8 拍 ~ 12×8 拍：动作同 3×8 拍 ~ 6×8 拍，但方向相反。

（7）全身波浪。6×8 拍。

预备姿势：左手把杆，右臂三位，侧对把杆起踵并立。

①1×8 拍：1–4 拍向前身体波浪一次，手臂经前、下，向后绕至三位。5–8 拍身体向后波浪一次，手臂经后、下，向前绕至三位。

②2×8 拍：1–4 拍动作同 1×8 拍中的 1–4 拍。5–8 拍面向把杆，双手扶把，右脚支撑，左脚侧点地。

③3×8 拍：1–4 拍向左身体侧波浪。5–8 拍向右身体侧波浪。

④4×8 拍：1–4 拍动作同 3×8 拍中的 1–4 拍。5–8 拍成右手把杆，左手三位，身体侧对把杆起踵立。

⑤5×8 拍 ~ 6×8 拍：同 1×8 拍 ~ 2×8 拍。

4. 舞姿造型

预备姿势：左手扶把，右腿在前五位站立，右臂一位。

动作做法：

前奏：用 4 拍使右手经二位至七位。

（1）1 拍：左脚起踵同时右腿屈膝提起，大腿吸成侧吸腿，右臂由七位至一位。

2 拍：右腿前伸至前举，右臂二位。

3 拍：右腿绕至侧举，臂七位。

4 拍：右腿绕至后举，右臂三位，上体向左拧身，头向左后。

5 拍：右腿后举，挺胸立腰，头向左前看（后鹤立式舞姿，图 3-90）。

6–8 拍：停止不动。

（2）1–4 拍：左腿向后伸直，经侧绕，右腿半蹲，左腿屈膝前举（前鹤立式舞姿，图 3-91）。

5 拍：头向右后上方看。

6–8 拍：停止不动，8 拍后半拍，右脚起踵，腿伸直，上体左转 45°。

（3）1 拍：右腿向前侧上方举起，大于 90°，右臂向体前绕环至侧斜上举，眼看右手。

2–3 拍：停止不动。

4 拍：左脚向后绕至后举，右臂向下绕。

5 拍：右腿放在左腿后成“单腿跪立”舞姿，上体前屈含胸低头（图 3-92），左手左后上举，右臂前下举手指触地。

6–8 拍：停止不动。

（4）1–4 拍：左腿站立，右腿伸直后举，上体前倒，右臂上举，成俯平衡舞姿（图 3-93）。

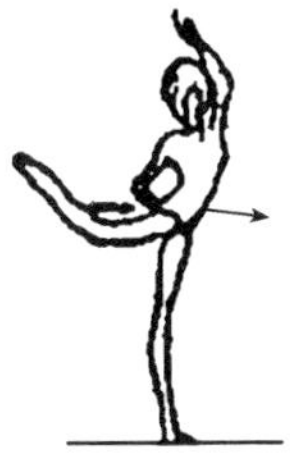

图 3-90

图 3-91

图 3-92

图 3-93

5–8 拍：停止不动。

（5）1–2 拍：上体伸直，左腿半蹲，右腿前吸，上体前屈，含胸低头，右臂前平举，掌心向外（图 3-94）。

3–4 拍：左腿伸直起踵，右腿前伸至前上举，上体后屈，抬头挺胸成“软喘燕”舞姿（图 3-95）。两腿开度要大于 135°。

5 拍：左腿经下向后举起，上体尽量后屈，抬头挺胸，以腿带动上体，前倾至“探海”舞姿（图 3-96）。

6–7 拍：停止不动。

8 拍：右腿半蹲。

（6）1 拍：左腿直立起踵，右腿下落至前举，右臂由体侧至斜后下举。

2 拍：右腿向前跨下，左腿后举，右臂向下至侧举。

3–4 拍：右腿蹬地跳起，做成后交换跟跳，成右腿半劈腿，右腿后举，右臂前平举。

5–6 拍：右腿向前摆至 90°时，向左转体 180°，同时左腿直立起踵。

7–8 拍：右腿直立，左腿后举，抬头挺胸，左臂由体侧向前至侧后举。成“倒踢紫金冠”，上体后屈（图 3-97）。

图 3-94

图 3-95

图 3-96

图 3-97

动作要求：

（1）做舞姿造型动作，要求部位准确，因此在开始练习时，可一人做一人协助搬腿，体会各种舞姿的正确部位。节拍也可以慢一些，要清楚各动作过程。

（2）舞姿造型，要有较好的控制能力，因此要加强腰腿的控制练习，使造型准确。

（3）做动作时，要保持身体的正确姿态，特别是身体的重心要平衡，要有控制各关节的屈伸、后背、腰和腿的肌肉的能力，才能正确表现舞姿。

（三）注意事项

（1）把杆练习时应注意站位的准确性。

（2）凡有摆动腿的动作都应严格要求出腿的方向和脚面的方向。

（3）把杆练习时应按循序渐进的原则：应先从擦地入手，过渡到小踢腿，再进行大踢腿练习。

（4）在做把杆的下肢动作练习时应保持上体姿势的正确。

七、中间姿态练习

（一）中间姿态练习作用

中间姿态练习是在脱离把杆后进行的徒手的基本技术和动作练习，它对培养良好的身体姿态有着重要的意义。通过练习，可提高协调、力量等身体素质；进一步使练习者动作准确、姿态优美；同时培养练习者的韵律感、表现力以及对美的鉴赏能力。

（二）中间姿态练习的内容

1. 人体的基本方位与点

为了便于确定运动方向和路线，因而将人体在空间的方位分成了 8 个点，即 8 个方向，以练习者身体为基点（或立正时目视前方）定为“1”点，按顺时针方向，每隔 45° 角为一点，把场地划分为 8 个点（图 3-98）。

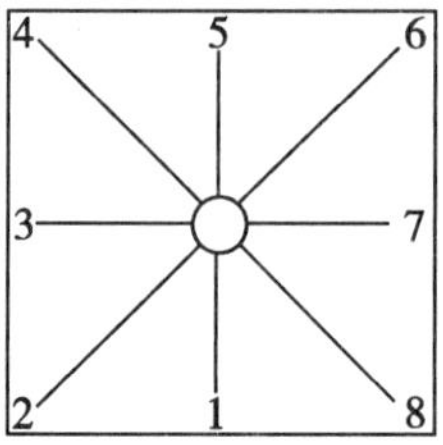

图 3-98

1 点——正前方；2 点——右前方；

3 点——右侧方；4 点——右后方；

5 点——正后方；6 点——左后方；

7 点——左侧方；8 点——左前方。

2. 站立的几种基本姿势

动作做法（图 3-99）：

正步——两脚并拢，脚尖向前，身体及头部向正前方，重心在两脚上。

八字步——两脚跟靠拢，脚尖向斜向方成“八”字形，重心在两脚上。

图 3-99

大八字步——与八字步动作相同，只是两脚跟相距为一横脚。

丁字步——脚跟置于另一脚的脚弓处，成“丁”字形，重心在两脚上。

动作要求：在做各种站立时，脚的动作必须合乎动作要求。身体应保持正确的站立姿势。即髋正、收腹、立腰、挺胸、沉肩、头正直、膝关节伸直。

3. 手臂姿态练习

手臂是人体各部位中活动幅度最大的一个部位，它对维持身体平衡、稳定重心、美化动作起着重要作用。通过练习，可使手臂刚柔适度、协调自然、舒展柔和，使身体姿态更加优美。

（1）芭蕾舞手形：分直形、弧形两种。

动作做法（图 3-100）：

直形手——手掌挺直，中指稍向下，拇指向中间靠，食指微上翘。

图 3-100

弧形手——五指自然弯屈，除拇指外，其余四指自然靠拢，食指微向上，拇指与中指靠近，从腕到指尖呈一圆滑的孤形。

动作要求：

①直形手的手背是呈一小的弧形，手形应舒展、流畅。

②弧形手要求圆滑、自然，手指不要紧张，中指、无名指和小指自然并拢。

（2）古典舞手形。

动作做法（图 3-101）：

兰花手形——食指、小指伸直，虎口收紧，拇指向中间靠拢。

虎口掌——虎口张开，拇指和掌心用劲，手心要有自然的涡，其余四指张开。

实心拳——四指屈于手心，拇指屈于食指和中指的第二指节外侧，拳握紧。

图 3-101

剑指——食指中指并紧伸直，无名指和小指自然弯屈，拇指在无名指和小指上。

动作要求：在练习以上的手形、拳、掌、指时，都必须严格按照动作的要求做。

（3）芭蕾手臂部位。

动作做法（图 3-102）：

图 3-102

一位——两臂弧形下垂于体前，微抬肘，手心向上，两手同距离约 10 厘米。

二位——两臂保持弧形至前平举，微低于肩，掌心向内，手指相对。

三位——两臂保持弧形上举，稍偏前，掌心相对，指尖斜向上相对。

四位——一臂三位，另一臂二位。

五位——一臂三位，另一臂七位。

六位——右手侧平举，左臂二位。

七位——两臂弧形侧平举，稍低于肩，掌心向前。

动作要求：

①练习时脚站成丁字步或三位，站立姿势正确。

②练习七个位时，两臂从大臂至手指都要控制住，始终保持弧形。

③不要耸肩憋气，肘关节和手腕不能下垂。

④手臂从一个部位到另一个部位，应以肩关节为轴，同时眼随手部动作转动。

（4）古典舞手位。

动作做法（图 3-103）：

山膀位——膀平抬于身旁，臂高度与肩平，小臂微向里屈，手臂成弧线，手心对斜下方。

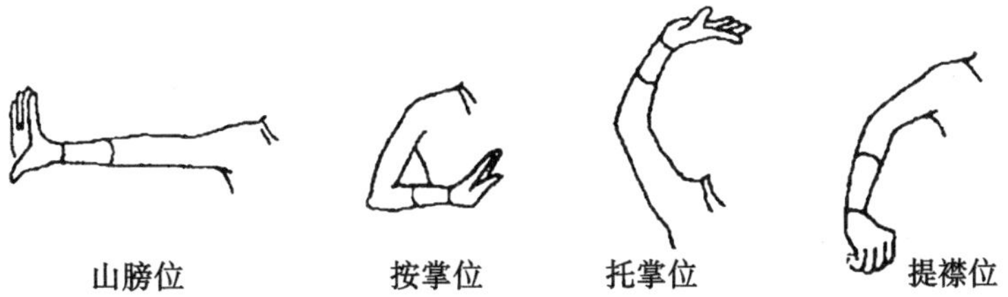

图 3-103

按掌位——手按于身前，从肩到手形成一个斜坡式的弧线，手心对前斜下方。

托掌位——掌于上方，手臂成弧形，保持山膀状，手心向斜上方。

提襟位——手臂架于髋旁，手握拳，拳心向下，臂保持弧形。

扬掌位——右臂举至头侧斜上方，手心朝头前斜上方，手臂伸直或曲肘。

动作要求：

练习时，必须符合动作要求。应保持好手臂的形状，动作有控制，位置准确，做到刚柔结合。

（5）手臂的摆动。

以肩为轴，利用惯性的作用，使手臂在身体的各个面上做钟摆式的运动。可向前、后、左、右摆动，也可向里、向外和依次前、后摆动。

动作做法：

前后摆动——从立正两臂前举开始，利用臂下落的重力经下向后摆，同时双腿弹动一次。然后按原路线向前摆，双腿再屈伸弹动一次［图 3-104（a）］。

左右摆动——从立正两臂右（左）侧举开始，做法与前后摆相同，只向左右摆动［图 3-104（b）］。

里外摆动——从立正两臂侧平举开始，利用臂下落的重力摆至体前交叉（向里），同时膝屈伸弹动一次。然后按原路线摆回（向外摆动），膝关节再弹动一次［图 3-104（c）］。

依次前后摆动——从立正左臂前举，右臂后举开始，利用臂下落的惯性力，两臂都经下摆，再右臂向前，左臂向后摆，同时屈膝弹动一次。然后按原路线摆回，膝再弹动一次［图 3-104（d）］。

动作要求：

①以肩为轴，肩部要放松，动作幅度要大。

②所有的摆动都应经过下举，此时手臂相对放松，摆起后，手臂要有控制，相对紧张。

③视线随着手臂的摆动移动。

（6）手臂的绕环。

以肩为轴，臂伸直，在体前、体侧做 360°以上的环形动作。可做向前、向后绕环，向里、向外绕环和依次前后绕环。

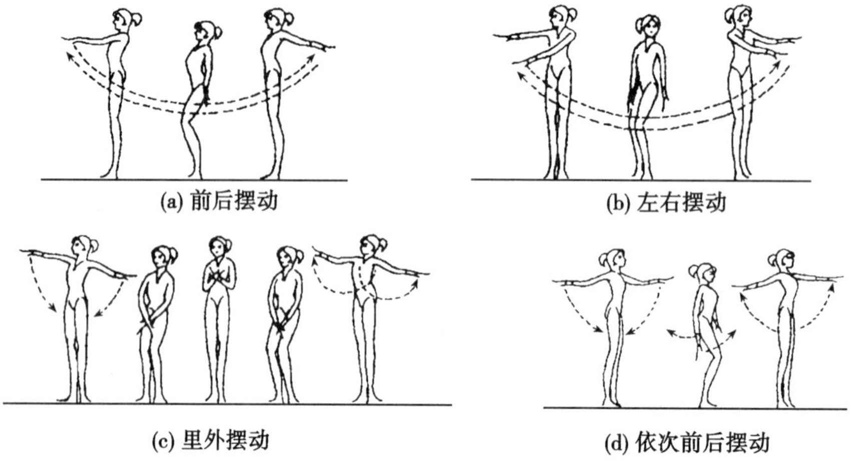

图 3-104

动作做法（图 3-105）：

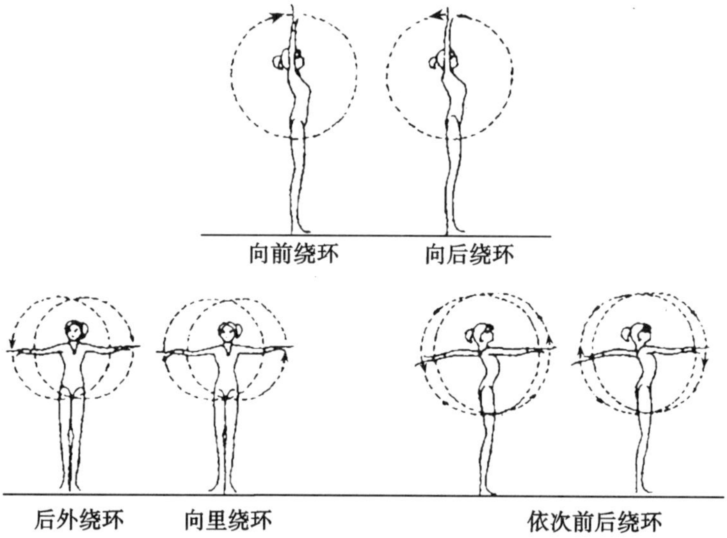

图 3-105

向前、向后绕环——向前绕环是从立正两臂上举开始，利用臂下落的重力在体侧做向前经下、后至上绕一大圈的动作。向后绕环的路线正好相反。

向外、向里绕环——向外绕环是从立正两臂侧举开始，直臂下落至体前交叉，然后经上向外绕至侧平举的动作。向里绕环的路线正好相反。

依次前后绕环——从立正左臂前举，右臂后举开始，两臂同时向下，左臂继续向后经上绕至前举。右臂同时向前经上绕至后举。此动作也可反方向做。

动作要求：

①绕环时，臂伸直经上举和下举，以保证绕环的最大幅度。

②依次前后绕环，在两臂绕至上举时，左右肩应及时互换，使动作连贯。

（7）手臂波浪：可做两臂同时或依次波浪。

动作做法（图 3-106）：

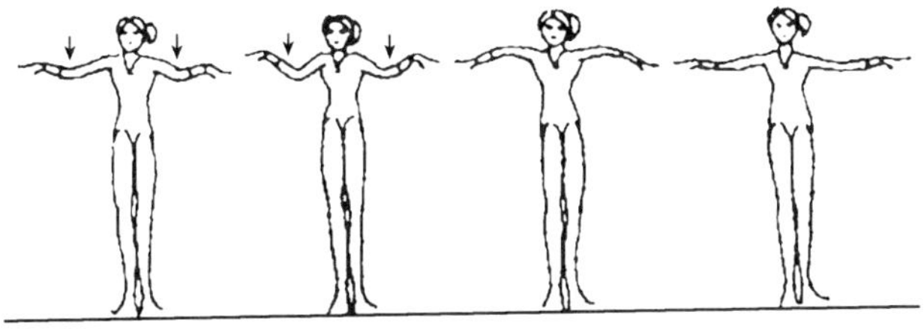

手臂同时波浪

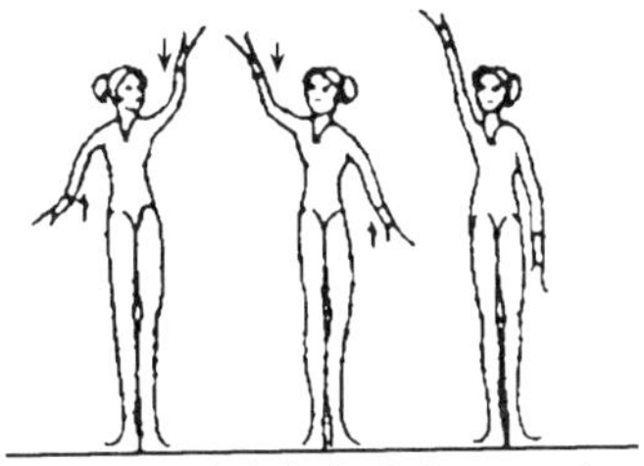

手臂依次波浪

图 3-106

同时波浪——从站立两臂侧平举开始，以肩带动，使肘、腕、掌指关节依次屈。然后使肘、腕、掌指关节依次伸展。

依次波浪——从站立左臂上举，右臂下落开始，左臂弧形经侧至下举，同时右臂弧形经侧至上举。然后两臂同时翻腕再按原路线返回。

动作要求：

①手臂波浪应做得柔软、圆润、连贯，“浪峰”应逐渐地转移。

②同时波浪伸肘时肩稍内旋，肘稍向后上翻。伸展时不要向侧或向下推，而是向前、向远处伸展。

③依次波浪要求肩发力，肘关节带动，肘运动的方向和指尖运动的方向相反。

④依次波浪也可在体前做。

4. 控制练习

控制练习主要是通过平衡和舞姿动作，发展肌肉力量及控制重心稳定的能力。平衡和舞姿是身体在瞬间内表现出某种动作姿态，控制其身体重心的造型动作。通过练习，可提高动作的稳定性。为转体等动作打下基础，从而使姿态更加优美。

（1）平衡动作。

平衡动作是指以单脚、单膝或臀部支撑于地上，控制身体重心，做出某种动作姿态的静止动作。下面主要介绍一些常用的前举腿平衡、侧举腿平衡、后举腿平衡等动作。

①前举腿平衡（前鹤立）。

动作做法（图 3-107）：

前举腿平衡是右腿支撑，左腿屈膝前举，大腿不低于 90°，大小腿成钝角，脚面绷直向外，两臂成五位，控制不动。

动作要求：

A. 支撑腿用力伸扯、外开，上体正直，重心控制在支撑腿上。

B. 前举腿膝、踝外开，姿态正确，动作平衡。

②侧举腿平衡（攀峰式）。

动作做法（图 3-108）：

右腿支撑，左腿经旁吸腿后向侧上方伸直，使腿超过 90°以上，左臂三位，右臂七位，控制不动。

动作要求：支撑腿伸直，上体不要向支撑腿方向倾斜。腰、腹、背肌肉收紧，身体保持正直，重心控制在支撑腿上。

③后举腿平衡。

动作做法（图 3-109）：

前鹤立

图 3-107

攀峰式

图 3-108

燕式平衡　后鹤立

图 3-109

阿拉贝斯克（燕式平衡）——一腿支撑，另一腿向后上举起，上体前倾，抬头挺胸，腰背收紧，控制不动。手臂的位置可变化。

后鹤立——一腿支撑，另一腿屈膝后举，两臂成五位，控制不动。

动作要求：

A. 燕式平衡要求腿尽量举高，举腿方向要正。支撑腿用力伸直，后背、臀部和后举腿部后群肌肉用力收紧，保持身体平衡。

B. 后鹤立的支撑腿伸直，可提踵立，也可全脚站立，后举腿的膝和小腿尽量抬至 90°，大小腿间的夹角大于 90°，膝向外开。

（2）舞姿动作［图 3-110（a）］。

①点地舞姿。

动作做法：一腿支撑（可直、可屈），另一腿前（或侧、后）点地，两臂动作多采用五位，也可变化。

动作要求：

A. 重心控制在支撑腿上，前点地时上体稍后仰，后点地时上体稍前倾。

图 3-110（a）

B. 手臂、头、躯干的动作可根据需要而定。

C. 支撑脚外开站立，点地腿应注意前、侧、后点地的部位。前点地用脚尖的外侧点；侧点地脚向上，用脚尖点；后点地用脚尖的内侧点，脚背向外侧。

②弓箭步舞姿：分前弓箭步、侧弓箭步。

动作做法［图 3-110（b）］：

前弓箭步舞姿——向前一步屈膝支撑，左腿伸直，全脚掌着地（也可脚尖点地）。

侧弓箭步舞姿——右脚向侧一步屈膝支撑,左腿在侧伸直着地(可全脚,也可脚尖点地)。

动作要求：

A. 支撑腿屈膝，小腿与地面垂直。全脚掌着地时，重心在两脚之间。脚尖点地时，重心偏向支撑腿一侧。

B. 立腰、立髋，膝、脚外开。躯干、臂、头部动作可根据需要而定。

③大掖步舞姿［图 3-110（c）］。

动作做法：身体重心偏向支撑腿一侧，立腰，支撑脚的腿向外开。挺胸，支撑腿的同侧肩稍向下倾斜。

八、松弛和弹性练习

（一）松弛练习

通过松弛练习，可使身体各关节及其肌肉群得到紧张与松弛的合理交替，可增强肌肉群的灵活性，避免动作的僵化。

图 3-110

1. 全身性松弛练习

预备姿势：两脚起踵站立，两臂上举。

动作做法：

图 3-111

从身体的最高部位开始，即指尖开始，自上而下地松弛各个关节成蹲立姿势（图 3-111）。

动作要求：各关节依次放松落下。

2. 局部性松弛练习

（1）臂松弛练习。

预备姿势：两脚三位起踵立，两臂上举。

动作做法：

单臂或双臂利用上肢的重力而松弛地落下，同时脚跟下落成站立。

动作要求：臂部各关节及肌肉群不要紧张，从手指指关节开始依次手腕、小臂、大臂放松下落。

（2）胸松弛练习。

预备姿势：右脚站立，左脚前点地，挺胸站立，两臂后斜下举。

动作做法：重心前移成左脚半蹲站立，右脚屈膝后点地，同时胸部松弛，含胸、低头，两臂自然下垂（图 3-112）。

动作要求：胸部放松，结束时，头和背的上部呈弓形。这一动作也可跪立开始做。

（3）腰松弛练习（向前、向后、向左、向右）。

①腰向前松弛练习。

预备姿势：右脚站立，左脚前点地，挺胸站立，两臂后斜下举。

动作做法：重心前移，右脚向前一步成右脚半蹲，左腿屈膝后点地，同时腰部松弛，含胸、低头，两臂自然下垂（图 3-113）。

图 3-112

图 3-113

动作要求：腰部放松，动作结束时，整个背部及头呈弧形。

②腰向后松弛练习。

预备姿势：右腿半蹲，左腿后点地，上体前屈成弓形，两臂自然下垂。

动作做法：重心后移至左腿站立，右腿前点地，以腰为轴，利用上体的重力向后下腰，两臂放松侧上举或成其他姿势（图 3-114）。

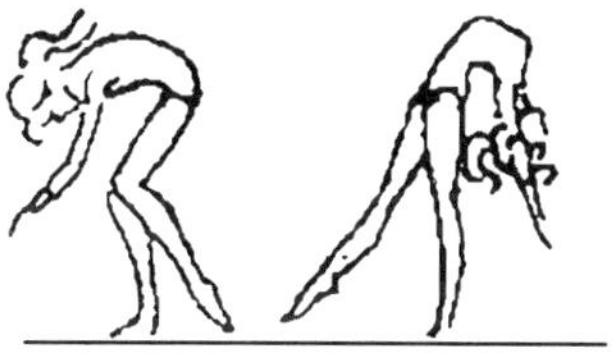

图 3-114

动作要求：腰前部肌肉放松，利用上体的重力向后下腰，手臂动作可自然配合。

③腰向侧松弛练习。

预备姿势：左（右）腿站立，右（左）脚尖侧点地，两臂侧举。

动作做法：重心移至右（左）腿，左（右）脚尖侧点地，利用上体的重力向右（左）侧下腰，左（右）臂放松地至三位，右（左）臂放松地至一位，两臂也可成其他姿势（图3-115）。

动作要求：腰站右（左）侧肌肉群放松，利用上体的重力向左（右）侧下腰，手臂动作可自然配合。

（二）弹性练习

弹性练习是通过踝、膝、髋同时屈、伸的一种练习，它可培养练习者腿部各关节的协调性及控制能力。

图 3-115

1. 双腿屈伸弹簧练习

预备：起踵站立，两臂侧平举。

动作做法：身体重心下压，脚跟落地，膝髋稍屈，然后起踵，髋膝伸直。两臂经一位轮流一前、一后摆，或者同时前、后摆动（图 3-116）。

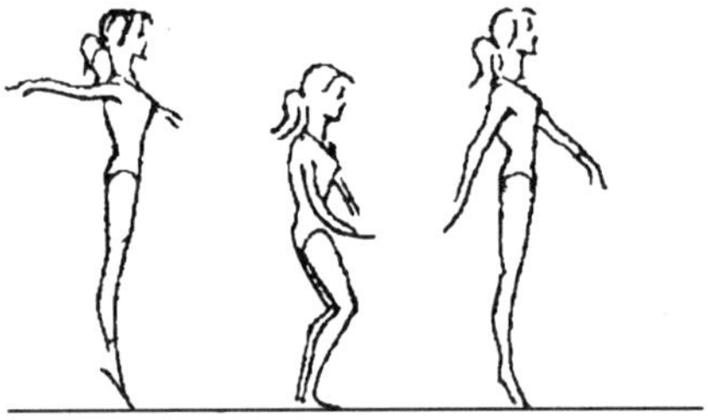

图 3-116

动作要求：起踵时注意收腹、挺胸、立腰。

初学时可两手（面对扶把）或一手（侧向扶把）扶把做。

2. 单腿摆动弹簧练习

预备姿势：起踵站立，两臂侧平举。

动作做法：左脚落踵压脚跟一次后成左脚起踵立，右腿屈膝前举，左臂经一位至前平举，右臂经一位至侧平举；左脚压脚跟一次成左脚起踵站立，右腿直膝后摆，左臂经一位至侧平举，右臂经一位至前平举（图 3-117）。

图 3-117

3. 弹簧步

弹簧步包括普通弹簧步、屈膝弹簧步及跳弹簧步。下面仅介绍屈膝弹簧步，普通弹簧步及跳弹簧步参看前面步伐部分。

预备姿势：两脚起踵站立，两臂侧平举。

动作做法：右脚向前，膝稍屈，两臂落下至一位；右脚尽量起踵，同时左腿屈膝前举，左臂侧平举，右臂前平举。然后，换左脚开始再做一次（图3-118）。

屈膝弹簧步

图3-118

动作要求：

（1）初学时，先单手扶把做。

（2）起踵时，上体正直，收腹立腰，前举腿屈膝大于90°，膝头向外展。

4. 结合移重心的弹簧练习

预备姿势：两脚起踵站立，两臂左侧平举。

动作做法：右脚侧出点地，由左腿半蹲开始，重心向右移，经两腿半蹲至右腿半蹲，左脚侧点地，两臂下落至一位；右腿伸直、左脚侧点地，两臂由一位至右侧平举。头向右前方。然后，反方向再做一次（图3-119）。

动作要求：

（1）初学时，先扶把做（面对扶把）。

图3-119

（2）动作圆滑，上体正直，移重心时，两腿要经过右腿弯屈、两腿弯屈、左腿弯屈三个过程。

5. 前后移重心的弹簧练习

预备姿势：两脚自然并立，两臂侧平举。

动作做法：左脚前点地，由右腿半蹲开始，重心向前移，经两腿半蹲至左腿半蹲，右脚后点地，两臂落至一位；左腿伸直，尽量起踵，右脚后点地，两臂由一位至前平举。然后，换反方向再做一次。

动作要求：

（1）初学时，先单手扶把做。

（2）动作圆滑，移重心时，两腿要经过右腿弯屈、两腿弯屈、左腿弯屈三个过程。

九、含胸、展胸和波浪练习

含胸、展胸练习能增强胸部的柔韧性及灵活性。

（一）含胸

预备姿势：两脚站立成小八字步，两臂自然下垂。

动作做法：胸部脊柱前屈，将胸部内收。

动作要求：做动作时，腰、髋固定，不要前屈。

（二）展胸

预备姿势：两脚站立成小八字步，两臂自然下垂。

动作做法：胸部脊柱后屈，将胸部前送。

动作要求：做动作时，腰部固定，不要后屈。

（三）胸波浪

预备姿势：两脚站立成小八字步，两臂自然下垂。

动作做法：将胸部脊柱由下而上地一节一节向前展，经颈椎至抬头。随后，又由胸脊椎开始，由下而上，一节一节地向后收，使胸脊椎向前屈成弧形，最后埋头（图 3-120）。

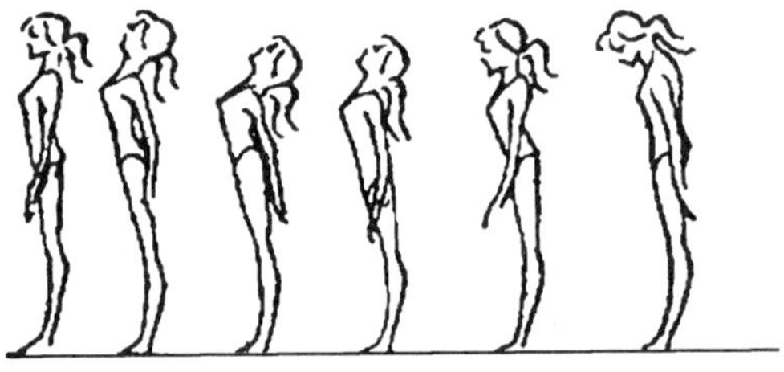

图 3-120

动作要求：胸脊椎向前、后屈时，注意各个椎体依次进行动作。

（四）胸向侧移动

预备姿势：两脚站立成小八字步，两臂自然下垂。

动作做法：肩关节放松，腰部固定，以肩带动胸部脊椎向左、右依次移动。

动作要求：注意肩部不要紧张，腰部不要移动。

在教学、训练中，含胸与展胸练习往往是连续出现的。含胸、展胸练习可以由站立开始做；也可以由蹲立和跪立开始做；还可以跳跃着做。

例如站立做含胸、展胸：

预备姿势：右脚站立，左脚后点地，两臂侧平举。

动作做法：右腿半蹲，左膝弯屈并脚尖后点地，两臂经上至交叉前举，含胸、低头，接着挺胸、抬头，两臂经上至斜后举（图 3-121）。

图 3-121

动作要求：

（1）动作连贯，胸部起伏明显。

（2）这一动作还可按下列方法做：蹲立做（图 3-122）、跪立做（图 3-123）、跳跃做（图 3-124）和转体做（参看华尔兹含胸、展胸跳转 360°）。

图 3-122

图 3-123

图 3-124

（五）波浪练习

波浪练习是艺术体操所特有的动作。在练习时应表现出臂或身体的柔软、波浪形的完整性和圆滑性（不间断）。波浪练习包括手臂波浪和身体波浪。

1. 手臂波浪

预备姿势：两脚丁字步站立，两臂侧平举。

动作做法：由肩带动手臂稍向上提，腕部放松，手指向下，接着肩稍下压，肩、肘、腕关节逐步地过渡到指关节向侧伸直（图 3-125）。

动作要求：

①动作应做得柔软、圆滑。以肩关节开始依次由肘、腕至手指伸直，连贯地进行，犹如波浪。初学两臂波浪时，动作不宜过大。

②初学时，先做单臂波浪练习或双臂波浪练习，在手臂波浪动作正确的基础上，再做两臂依次练习。

③当熟练掌握上述动作之后，可加大波浪练习（图 3-126）。

图 3-125

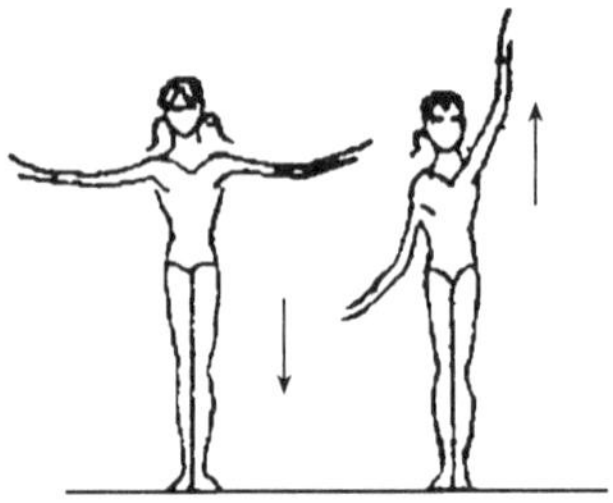

图 3-126

2. 身体波浪

（1）躯干波浪。

预备姿势：两脚自然站立，两手体后相握。

动作做法：由腰部开始，经上体缓慢前倒的同时，腰、腹前挺；肩、头后移，逐渐下压，上体前屈至与地面成 90°，此时整个背部成凹形。然后从腰部开始，经胸、肩、头逐步凸起，上体逐步抬起至直立（图 3-127）。

动作要求：

①脊柱的动作是依次而连贯进行的，整个动作应做得圆滑、柔和。应随着身体动作而抬头或埋头。

②这一动作也可跪立做（图 3-128）。

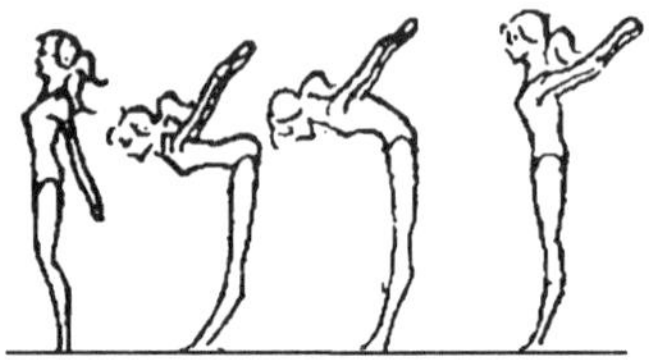

图 3-127

图 3-128

（2）身体前波浪。

预备姿势：两脚自然站立，两腿半蹲含胸、低头，两臂自然下垂。

动作做法：由膝、髋、腰、胸依次向前挺出，最后抬头、挺胸、立踵，两臂前上举（图 3-129）。

动作要求：

①动作圆滑、幅度大，膝、髋、腰、胸各关节依次向前移送。

②初学时，先单手扶把练习。

③这一动作向相反的方向做，即为身体后波浪（图 3-130）。

图 3-129

图 3-130

（3）全身波浪。

预备姿势：左手扶把，两脚并立半蹲，含胸低头，两臂前平举。

动作做法：身体由膝、髋、腰、胸低头各关节逐步向前方挺出，同时起踵，最后成预备姿势，同时两臂逐渐放下，经后下方、后上方绕环一周至前平举两腿半蹲含胸低头（图 3-131）。

图 3-131

动作要求：

①膝、髋、腰、胸依次向前送出后又依次向后移。

②动作熟练后可离开扶把做。

（4）身体侧波浪。

预备姿势：左腿站立，右脚侧点地，两臂左伴上举。

动作做法：左腿半蹲，由膝、髋、腰、肩、颈、头依次由左向右移动重心，经两腿半蹲，右腿半蹲至右脚站立，左脚侧点地，身体稍左侧屈，同时，两臂依次向下经体前至右上举，抬头挺胸（图 3-132）。

图 3-132

动作要求：

①动作圆滑、柔和、幅度大，身体参加动作的各关节依次向侧伸展。

②初学时可先双手扶把练习。

（5）螺旋波浪

预备姿势：两脚自然站立，两臂上举。

动作做法：两腿半蹲，膝、髋、腰、胸由前向左依次向上转动。身体重心逐渐上升至头上，两脚起踵站立，两臂上举（图3-133）。

图3-133

动作要求：动作协调、圆滑、柔和。关节的转动应由低向高做螺旋波浪。

十、转体练习和翻身练习

（一）转体练习

转体是艺术体操、舞蹈技术不可缺少的一部分，转体的周数越多，难度越大。转体的方法很多，变化丰富多样。下面只介绍双腿转体、单腿转体和空中转体。

1. 两脚为轴心的转体（或360°）

预备姿势：左脚在前，三位站立，两臂侧平举。

动作做法：左脚在右脚前交叉一步，稍屈膝，提踵以两脚尖为轴，向右转体180°（或360°），变成右脚在前的起踵站立，两臂上举（图3-134）。

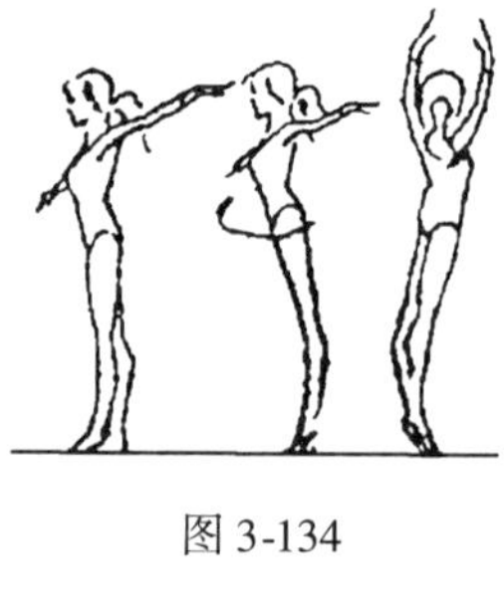

图3-134

动作要求：

（1）重心升高，身体保持直立（收腹、立腰）。

（2）这一动作也可一脚在另一脚后交叉转体180°（或360°）成左脚在前的起踵站立。

2. 单脚轴心转体360°（或540°、720°）。

（1）跨转360°（或540°、720°）。

①正跨转。

预备姿势：两脚并拢自然站立，两臂侧举。

动作做法：

A. 左脚侧出一步，稍屈膝，右腿由侧前摆至屈膝前举，同时，左腿伸直起踵，两臂上举，向左转体360°（或540°、720°）。

B. 左脚站立，右腿屈膝前举，停止不动（图3-135）。

动作要求：左脚起踵，身体正直，身体重心向上，摆腿要快，主力腿要稳。

②反跨转360°（或540°、720°）。

预备姿势：左脚在前的弓步（或小踏步），左臂七位，右臂二位。

动作做法：右臂打开七位，左脚起踵立，同时向右转360°（或540°、720°），转体时，右腿屈膝前举，停止不动（图3-136）。

图3-135

图3-136

动作要求：转体时，身体正直。

（2）掖转腿。

①正掖腿转（即侧吸腿转）。

预备姿势：左丁字步，左臂二位，右臂七位。

动作做法：左脚向前一步半蹲，左臂打开成七位，带动身体左后转360°（或540°、720°），右腿屈膝在左腿后（侧吸腿），转体时，两臂侧平举（或七位），停止不动（图3-137）。

动作要求：起踵高，身体正直，腰上提。

②反掖腿转（即反吸腿转）。

动作同正掖腿转，但方向相反。

（3）直腿转360°（或540°、720°）。

①前举腿转360°（或540°、720°）。

预备姿势：两脚站立成左侧弓步，左手二位，右手七位。

图 3-137

动作做法：右腿由侧向前摆，同时左腿直膝、起踵，向左转体 360°（或 540°、720°），转体时左臂打开成两臂侧平举，停止不动（图 3-138）。

动作要求：

A. 转体时，起踵高、速度快、身体正、重心稳，右腿伸直。

B. 初学时可先练转体 180°，待动作熟练后再增加转体度数。

②后举腿转 360°（或 540°、720°）。

预备姿势：左腿站立，稍屈膝，右脚后点地，左臂二位，右臂七位。

动作做法：左臂向左弧形摆至左前斜举，同时，左脚起踵向左转 360°（或 540°、720°），右脚后举，头向左前方（图 3-139）。

图 3-138

图 3-139

动作要求：

A. 转体时，动作要伸展，上体保持直立，起踵高，速度快。

B. 初学时，转体度数由少到多。

（4）舞姿转体。

①燕式平衡转体 360°。

预备姿势：左脚稍屈膝站立，右脚后点地，左臂二位，右臂七位。

动作做法：左臂向左弧形摆至左前举，同时，左脚起踵，上体前倾，右腿后举向左转 360°（或 540°、720°），头向左前上方，停止不动（图 3-140）。

动作要求：

A. 转体时，要抬头、背腿、挺胸、挺腹，整个身体成反弓形。

B. 初学时，转体度数逐渐增加。

②斜探海转体 360°（或 540°）。

预备姿势：左腿弓站立，右脚后点地，左臂二位，右臂七位。

动作做法：左臂向左摆至七位（稍屈肘侧举，掌心向前），右臂上举，同时，左脚起踵，右腿屈膝后举向左转体 360°（或 540°）。保持斜探海舞姿，停止不动（图 3-141）。

图 3-140

图 3-141

动作要求：

A. 转体过程及转体结束，整个身体都要保持斜探海舞姿，转体时，起踵要高，速度要快。

B. 初学时，转体度数由少到多。

③后屈腿转体 360°（或 540°）。

预备姿势：左腿稍屈站立，右脚后点地，左臂二位，右臂七位。

动作做法：左臂向左弧形摆至左前斜举，右脚起踵，左腿屈膝后举，向左转体 360°（或 540°）；停止不动（图 3-142）。

图 3-142

3. 移动转体

（1）平转。

预备姿势：两脚正步站立，两手叉腰，面向正前方。

前奏：两脚起踵，目标左侧，左脚向左侧一步。

动作做法（图 3-143）：

1–2 拍：右脚向左侧一步，同时向左后转 180°，扭头看目标。

3–4 拍：以右脚为轴，左脚向左侧一步同时向后转 180°，向左后甩头看目标。

5–8 拍：同 1–4 拍。

动作要求：

①两腿伸直起踵，步伐不宜太大。

②身体重心在两脚掌上交换，后跟不要落地。

③上体正直，收腰、立腰。

④两臂可侧平举，肩和手臂在转的过程中注意掌握重心和带动身体。

（2）吸腿平转。

预备姿势：两脚正步站立，两手叉腰，面向正前方。

前奏：两脚起踵，目标左侧，左脚向左侧一步。

动作做法（图 3-144）：

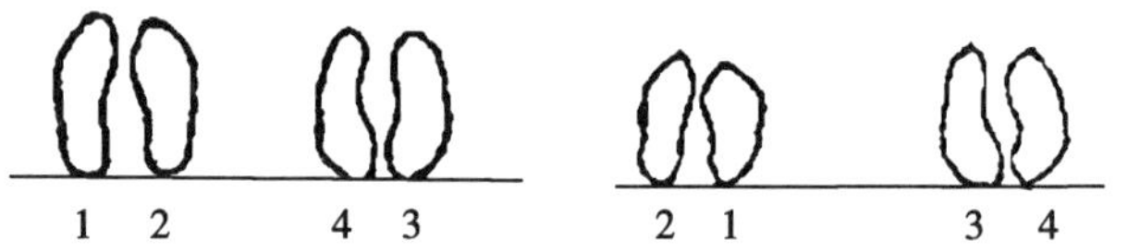

图 3-143

图 3-144

1–2 拍：左脚向左侧一步，同时向左后转 180°，头不动。

3–4 拍：左腿侧吸，以右脚为轴向左后转 180°，向左后甩头看目标。

5–8 拍：同 1–4 拍。

动作要求：

①在转体过程中，两腿伸直起踵，步伐不宜过大，体重交替落在两脚掌上，脚后跟不能着地，并收腹、立腰。

②在平转练习正确后，再做吸腿平转。

4. 空中转体

（1）双腿跳空中转体双脚落地。

①双腿空中直体跳转 180°（或 350°、450°）。

预备姿势：两脚一位站立，两手叉腰。

前奏：两臂侧平举，两腿半蹲。

动作做法（图 3-145）：

1–3 拍：一位原地轻跳 3 次，第 3 次两腿半蹲时，两臂由侧平举至腹前交叉，同时两腿蹬地向上跳起，在空中向左（右）转体 180°（或 360°、450°），两臂上举。

4 拍：两脚落地、半蹲。两臂侧平举。

5–7 拍：两腿伸直，停止不动。

8 拍：两腿半蹲又准备蹬地开始做。

动作要求：

A. 在空中时身体成一直线，后背用力控制不能歪斜，脚尖、脚背蹦直向下，落地时重心稳。

B. 初学时，先用 8 拍完成，熟练后改用 4 拍完成。另外，转体度数由少到多（180°→360°→450°），双脚落地。

②双腿空中屈腿跳转 180°（或 360°、450°），双脚落地。

预备姿势：两脚一位站立，两手叉腰。

前奏：两臂侧平举，两腿半蹲。

动作做法（图 3-146）：

图 3-145

图 3-146

1–3 拍：一位原地轻跳 3 次，第 3 次两腿半蹲时，两臂由侧平举至腹前交叉，同时两腿蹬地向上跳起，在空中两腿弯屈收紧向左（右）转体 180°（或 360°、450°），两臂上举。

4 拍：两脚落地、半蹲，两臂侧平举。

5–7 拍：两腿伸直，停止不动。

8 拍：两腿半蹲，又准备蹬地开始做。

动作要求：

A. 在空中时身体正直，髂部弯屈，大小腿收拢靠紧，落地时重心要稳定。

B. 转体时，身体在空中保持团身姿势（图 3-147）。

C. 初学时，可用 8 拍完成，熟练后改用 4 拍完成。上体正直，收腰、立腰。

D. 初学时，可先练双腿空中屈腿跳双脚落地。熟练后再练转体 180°、360°、450°，双脚落地。

（2）双脚起跳空中转体单脚落地。

①双腿起跳空中吸腿转体 180°（或 360°、450°）单脚落地。

预备姿势：两脚一位站立，两手叉腰。

前奏：两臂侧平举，两腿半蹲。

动作做法（图 3-148）：

1 拍：两臂由侧平举下落，经一位、二位至三位，同时，两脚用力蹬地向上跳起，在空中右腿侧吸，向左转体 180°（或 360°、450°）。

2 拍：左脚落地、左腿半蹲。两臂侧平举。

3 拍：左腿伸直，右腿落地成一位站立。

图 3-147

图 3-148

4 的上半拍：保持不动。

4 的下半拍：两腿半蹲又准备蹬地开始做。

动作要求：

A. 身体在空中保持正直，不要倾斜，落地重心要稳。

B. 初学时，可将节奏减慢，即 8 拍一动。

C. 初学时，可先练双腿起跳空中成吸腿舞姿左脚落地。熟练后再练空中转体 180°、360°、450°。

②双腿起跳，空中转体 180°（或 360°）落地成燕式平衡或斜探海等舞姿。

预备姿势：两脚一位站立，两手叉腰。

前奏：两腿半蹲，两臂侧平举。

动作做法（图 3-149）：

1 拍：两臂由侧平举下落，经一位、二位至三位，同时，两脚用力蹬地向上跳起，在空中向左转体 180°（或 360°）。

2 拍：左腿落地成半蹲，右腿后举，两臂侧平举。同时上体前倾，抬头挺胸。

3–5 拍：左腿伸直成燕式平衡（或斜探海）舞姿。

6–7 拍：上体直立，右脚落地一位站立。

8 拍：两腿半蹲又准备开始做。

③单脚起跳空中转体 180°（或 360°），单脚落地。

预备姿势：两腿并立，两臂侧平举。

动作做法：在屈膝交换腿跳的基础上（参考前面步伐部分），在空中向左（右）转体 180°（或 360°）（图 3-150）。

动作要求：在做好屈膝交换腿跳的基础上转 180°（或 360°）。另外这一动作还可以向后交换腿跳转体 180°（或 360°）。

（二）翻身练习

翻身练习的特点，主要是以腰为轴，保持上体姿态的转身。

1. 踏步翻身

预备姿势：右丁字步，两手叉腰。

前奏：

图 3-149

图 3-150

1–2 拍：右踏步，右手拉开山膀，左手按掌。

3–4 拍：左踏步，即左脚向左侧一步，右脚在左脚后点地，同时两臂经上晃手至左臂山膀，右手按掌，上体稍前倾。

动作做法：

1–2 拍：右臂由下摆至侧平举的部位，同时以腰为轴右转 90°，此时上体向左侧屈（图 3-151）。

3–4 拍：继续向右翻身成体后屈，此时面向上，挺胸，两手侧平举，手心向上，身体重心在两脚上（图 3-152）。

5–6 拍：又继续向右翻身，上体右侧屈（侧腰），眼看前下方目标。

7–8 拍：再继续向右翻身成两臂侧平举，上体前倾，第 8 拍左臂由左侧向体前摆至按掌部位。

图 3-151　　图 3-152

动作要求：

（1）踏步的位置要准确，两脚尖平行。

（2）在翻身过程中，始终要用脚尖转动。

（3）腰在一定的高度上准确地经过侧腰、后腰、侧腰、前腰四个方向。

（4）手臂保持直线，所走路线是圆形，眼要看准目标，然后甩头。

（5）初学时可采用同伴帮助的方法进行练习，即同伴站立于练习者的左前方，左、右手分别握练习者的右、左臂帮助前进翻转。

2. 点步翻身

预备姿势：右脚站立，左脚侧点地，腰向右侧屈，两臂侧举，头看前斜下方。

动作做法：身体重心在右脚上，以左脚在右脚的右后侧点地来带动翻身，右臂向后带，左臂向前带，两臂路线向右后翻一周。还原成预备姿势（图 3-153）。

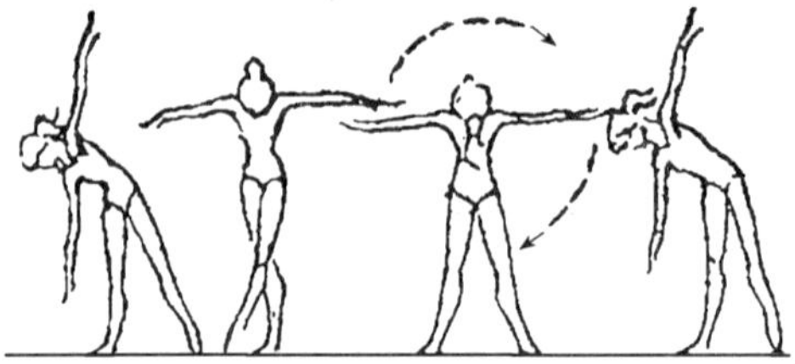

图 3-153

动作要求：

（1）左脚点地后立刻抬起，身体要随着点地的力量翻身，重心始终在右脚上，手臂路线保持圆形，看准目标甩头。

（2）翻身时要求以腰为轴，腰在一定的高度上进行翻转。

3. 吸腿翻身

预备姿势：右脚站立，脚尖向前，左脚侧点地，腰向侧屈，两臂侧举，头看前斜下方。

动作做法：右脚支撑，左腿前吸带动身体向右翻转一周，同时，右臂向后带，左臂向前带。还原成预备姿势（图 3-154）。

动作要求：在翻转的过程中，吸腿不能下落，主力腿要用力顶直，起踵。吸腿翻身属于点步翻身的变化，练习吸腿翻身前，应较熟练地掌握点步翻身。

4. 串翻身

预备姿势：正步起踵（半脚尖），两臂侧平举，手心向上，上体向后耗腰。

动作做法（图 3-155）：

图 3-154

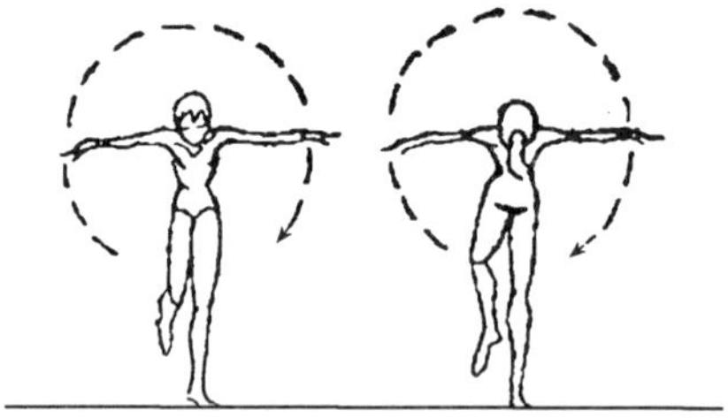

图 3-155

1–2 拍：上体保持预备姿势，右脚向左一步（两脚距离一脚长），经左侧腰（体左侧屈）向左翻身 180°面向下。

3–4 拍：右脚向左上一步，身体向左翻 180°，面向上。

5–8 拍：同 1–4 拍。

动作要求：

（1）翻身时以手臂、肩、腰来带动，身体经过侧腰再翻。

（2）翻身时不要挺肚子、顶胯，臀部收紧。

（3）上步要均匀，两臂保持一条直线，两臂路线如车轮滚动。

（4）开始练习时用 2 拍一动，慢一些，待动作掌握正确后再加快速度，1 拍翻 1 次。

5. 掀身探海翻身

预备姿势：右丁字步，两手叉腰。

前奏：

1–2 拍：右踏步，右手侧平举左手胸前屈。

3–4 拍：左脚向左侧一步，右脚在左脚后点地，同时两臂经上举绕至左臂侧平举，右臂胸前屈，上体稍前倾。

动作做法（图 3-156）：

图 3-156

1 拍：右臂向上摆至侧平举的部位，右腿侧举，同时以腰为轴右转 90°，此时上体向左侧屈。

2 拍：右腿由侧向后上方绕，身体继续向右翻身成后屈，此时面向上，挺胸，两手侧平举。

3 拍：右腿向右绕至右侧，同时继续向右翻身，上体右侧屈（侧腰），眼看前下方。

4 拍：再继续向右翻身成两臂侧平举，上体前倾，右腿站立，左脚后点地。后半拍左臂由左侧向体前屈。

动作要求：右腿的绕转成圆形应尽量与地面垂直，支撑腿要伸直，身体翻转应准确地经过侧屈、后屈、侧屈、前屈四个过程。

十一、跳跃练习和小技巧练习

（一）跳跃练习

跳跃是艺术体操不可缺少的一部分，在起跳后的身体腾空阶段中，可做很多舞姿和转体，以及各种变化造型，增加艺术体操的难度和艺术性，因此要求严格训练，除了在基本步伐中介绍的一些基本大小跳外，这里再系统介绍几种跳跃练习。

1. 双跳双落

（1）一位跳。

预备姿势：两脚一位站立，两臂侧平举。

前奏：

1–3 拍：不动。

4 拍：腿半蹲，用力蹬地跳起，在空中两脚尖蹦直向下。

动作做法（图 3-157）：

1 拍：脚落地成一位，后半拍两脚又蹬向上跳起，在空中脚保持一位，脚尖向下。

2–4 拍：同 1 拍。

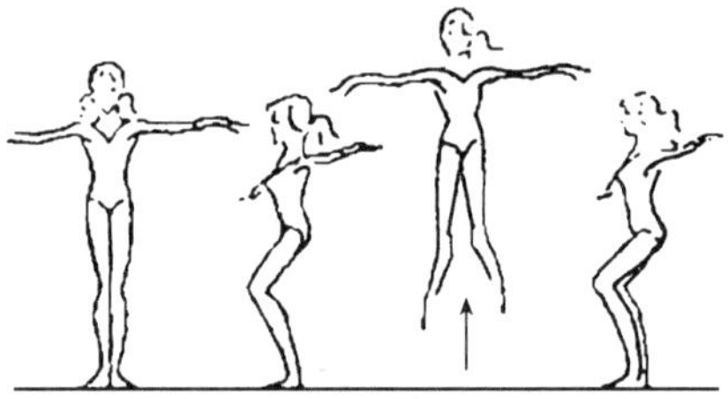

图 3-157

动作要求：

①起跳时两脚掌有力推地向上，落地柔和，上体正直。

②在空中时，身体与两腿成一直线，收腹立腰，两腿外开蹦直。

③初学时可 4 拍做 1 个，掌握基本动作要领之后，再 2 拍做 1 个。两臂也可一位叉腰做。

（2）二五位跳。

预备姿势：左脚在前的五位站立，两手叉腰。

前奏：

1–3 拍：不动。

4 拍：腿半蹲蹬地跳起，在空中两脚尖蹦直向下。

动作做法（图 3-158）：

1–2 拍：跳起在空中两脚分开落地成二位（第二拍两脚落地成二位半蹲，随着又蹬地跳起）。

3–4 拍：两脚落地成左脚在后的五位。

5–6 拍：同 1–2 拍。

7–8 拍两脚落地成左脚在前的五位站立。

动作要求：

①身体正直，不要前倾、后仰。

②跳落成二位时，两腿应在空中分开，跳落成五位时，两腿应在空中并拢。

（3）前后交换腿跳。

预备姿势：两脚成右脚在前的三位站立，两臂侧平举。

前奏：

1–3 拍：不动。

4 拍：两腿经半蹲跳起，在空中两脚尖蹦直向下。

动作做法（图 3-159）：

1–2 拍：跳起在空中前后腿交换一次后还成三位脚站立。

3–4 拍：同 1–2 拍。

（4）开腿跳。

①前后开腿跳。

预备：右脚在前的三位站立，两臂侧平举。

前奏：

1–3 拍：不动。

4 拍：两脚经半蹲蹬地跳起。

动作做法（图 3-160）：

图 3-158

图 3-159

1–2 拍：跳起后，两腿在空中前后分开成纵劈腿。第 2 拍两脚落地成右脚在前的三位半蹲。

3 拍：两脚伸直不动。

4 拍：两脚经半蹲蹬地起。

5–8 拍：同 1–4 拍。

动作要求：

A. 两脚蹬地有力，两腿空中前后分开成纵劈叉。前后腿的高度相等。

B. 身体正直，防止前后倾斜。

C. 初学时，练习者的左右手分别握住左右侧站立的同伴的手，以便练习者起跳时利用两臂支撑的力量增加腾空高度，体会空中两腿前后分开的动作要领，动作熟练后可 2 拍做 1 个。

②左右开腿跳。

预备姿势：两腿并拢自然站立，两臂侧平举。

前奏：

1–3 拍：不动。

4 拍：两腿经半蹲蹬地跳起。两臂由侧举至一位。

动作做法（图 3-161）：

图 3-160

图 3-161

1–2 拍：跳起后，两腿在空中左右分开尽量成横劈叉，两臂由一位至侧平举。第 2 拍两脚落地成半蹲，成纵劈腿。

3 拍：两脚伸直，两臂侧平举。

4 拍：同前奏第 4 拍。

动作要求：

A. 两脚蹬地有力，两腿空中前后左右分开尽量成横劈叉。动作熟练后可 2 拍做 1 个动作。

B. 身体正直，防止前后倾斜。

C. 初学时，可站在高处向低处跳，或利用弹跳板练习，以增加腾空高度，体会空中两腿左右分开的动作要领。

（5）双飞燕跳。

①前屈体双飞燕跳。

预备姿势：两腿并拢自然站立，两臂侧平举。

前奏：

1–3 拍：不动。

4 拍：两腿经半蹲蹬地跳起，两臂由一位至侧下垂。

动作做法（图 3-162）：

图 3-162

1 拍：起跳后，在空中上体前屈，两腿左右分开尽量成横叉，身体与两腿在空中小于 90°，两臂由体侧下垂至前平举，手心向下，两手触两脚尖。

2 拍：两脚落地成半蹲，两臂侧平举。

3 拍：两腿伸直。

4 拍：同前奏第 4 拍。

动作要求：

A. 两腿用力蹬地跳起后，上体在空中前屈。防止过早地前倾，影响弹跳的高度。

B. 两腿蹬直跳起后，两腿前举，左右分开尽量成横劈叉。防止过早举腿分开，影响弹跳的高度。

C. 初学时，可站在高处或弹跳板上做，以便体会腾空阶段的动作要领。

D. 动作熟练后可 2 拍做 1 个动作。

②后屈体双飞燕跳（即双腿结环跳）。

预备姿势：两脚并拢自然站立，两臂侧平举。

前奏：

1–3 拍：不动。

4 拍：两腿经半蹲后蹬地跳起，同时两臂由侧平举至一位。

动作做法（图 3-163）：

1 拍：跳起后两腿在空中侧分（比肩宽），膝屈，两臂由一位经二位、三位至后侧方（两手可以击脚），抬头挺胸，两脚掌尽量触头的后部。

2 拍：两脚落地成半蹲，两臂侧平举。

3 拍：两腿伸直。

4 拍：同前奏第 4 拍。

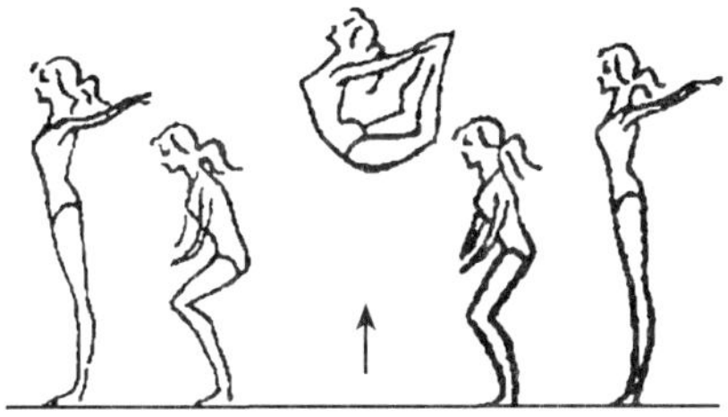

图 3-163

动作要求：

A. 起跳有力，在空中尽量挺身，后屈膝踢腿，脚触头。

B. 初学时可站立在高处或利用弹跳板做，以增加腾空高度，体会空中动作的要领。

C. 动作熟练后可改为 2 拍做 1 个动作。

（6）单腿结环跳。

预备姿势：两脚并拢自然站立，两臂侧平举。

前奏：

1–3 拍：不动。

4 拍：两腿半蹲，后半拍两脚蹬地向上跳起。同时两臂由侧平举至一位。

动作做法（图 3-164）：

图 3-164

1 拍：跳起后一腿向下方伸，另一腿屈膝（或直膝）向后踢，抬头挺胸，后腿脚尖不低于头部，两臂由一位、二位至三位。

2 拍：两脚落地成半蹲，两臂由三位经二位、一位至侧平举。

3 拍：两腿伸直。

4 拍：同前奏第 4 拍。

动作要求：

①起跳有力，腾空高，空中后腿平头或超过头，前腿向前下方伸，两腿开度为 180°。

②初学时可站在高处做，或利用弹跳板做。

（7）半劈腿跳。

预备姿势：两腿并拢自然站立，两臂侧平举。

前奏：

1–3 拍：不动。

4 拍：两腿半蹲，后半拍两脚蹬地向上跳起，两臂由侧平举至一位。

动作做法（图 3-165）：

1 拍：跳起后，在空中两腿成右腿在前的半劈腿姿势，右臂由一位至上举，手心向前，臂一位至前平举，手心向下。

2 拍：两脚落地成半蹲，两臂经二位、一位至侧平举。

3 拍：两腿伸直。

4 拍：同前奏第 4 拍。

动作要求：

①蹬腿有力，腾空高，空中两腿成一直线。

②这一动作还可做成左右半劈腿跳（图 3-166）。

（8）鹿跳。

预备姿势：两腿并拢自然站立，两臂侧平举。

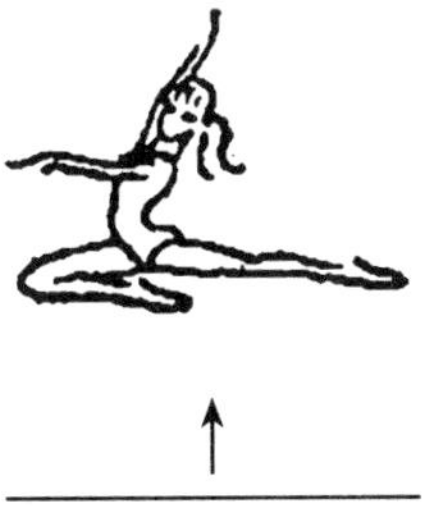

图 3-165

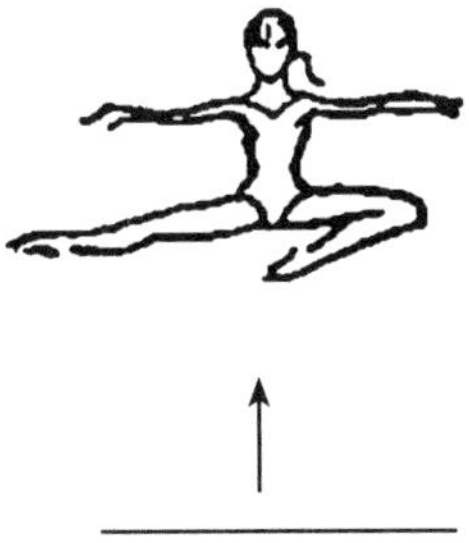

图 3-166

前奏：

1–3 拍：不动。

4 拍：两腿半蹲，两臂由侧平举至一位。后半拍两脚蹬地跳起。

动作做法（图 3-167）：

1 拍：跳起后，在空中一腿屈膝于前下方，一腿屈膝向后踢，两臂由一位经二位至三位。

2 拍：两脚落地成半蹲。两臂由三位经二位、一位至侧平举。

3 拍：两腿伸直。

4 拍：同前奏第 4 拍。

动作要求：

①起跳有力，腾空高，空中两腿屈膝，尽量分开。

②此动作还可做成鹿结环跳，即在空中上体尽量后屈，抬头挺胸，后脚触头（图 3-168）。

图 3-167

图 3-168

（9）向前（侧）挺身跳。

预备姿势：两脚并拢自然站立，两臂侧平举。

前奏：

1–3 拍：不动。

4 拍：两腿半蹲，两臂由侧平举至一位。后半拍两脚蹬地向前上方跳起。

动作做法（图 3-169）：

1 拍：跳起后，在空中两腿并拢后展，挺胸，稍抬头，两臂由一位至前上举。

2 拍：两脚落地成半蹲，两臂落下经二位、一位至侧下举。

图 3-169

3 拍：两腿伸直。

4 拍：同前奏第 4 拍。

动作要求：

①跳起后在空中保持胸部领先的挺身姿势。挺身要充分。

②这一动作可以向侧做（图 3-170）。

图 3-170

2. 单跳双落（以投身跳为例）

（1）左前投身跳。

预备姿势：左脚在前的五位站立，两臂侧平举。

前奏：

1–3 拍：不动。

4 拍：右腿半蹲，左腿向前伸直擦出，后半拍右腿蹬地向前上方跳起，左腿前踢 45°，两臂由侧平举至三位。

动作做法（图 3-171）：

1 拍：两脚落地成左脚在前的五位半蹲，两臂由三位经二位至一位。

2 拍：两腿伸直，两臂由一位至侧平举。

3 拍：停止不动。

4 拍：同前奏第 4 拍。

动作要求：在空中两腿伸直，蹦脚尖，身体正直，防止向前倾斜。

（2）向侧投身跳。

预备姿势：左脚在前的五位站立，两臂一位。

前奏：

1–3 拍：不动。

4 拍：左腿半蹲，右腿向侧伸直擦出，后半拍左脚向右侧蹬地跳起，右腿侧踢 45°，两臂由一位至侧平举。

动作做法（图 3-172）：

图 3-171

图 3-172

1 拍：两脚落地成左脚在后的五位蹲，两臂由侧平举落至一位。

2 拍：两腿伸直。

3 拍：不动。

4 拍：右脚向左侧蹬地跳起，左腿侧踢 45°，两臂由一位至侧平举。

5–8 拍：换右脚做。

动作要求：在空中两腿伸直，蹦脚尖，身体正直，防止向左右倒或前后倾。

3. 双跳单落

（1）大分腿跳。

①向前大分腿跳。

预备姿势：两脚站立成右丁字步，两手一位。

前奏：

1–3 拍：不动。

4 拍：两腿半蹲，后半拍两脚蹬地向前上方跳起，两腿前后分开大于 135°，后腿稍高，左臂由一位至前平举，右臂由一位至侧平举。

动作做法（图 3-173）：

1 拍：右脚向前落地成半蹲，左腿后举，两臂保持节拍的舞姿。

2 拍：左脚落地与右脚并成右丁字步，半蹲。

3 拍：两脚伸直，两臂落下成一位。

4 拍：同前奏第 4 拍。

图 3-173

动作要求：两脚蹬地有力，空中身体正直，重心稍前倾，前腿不低于 45°，两腿尽量打开至前后臂腿的部位。

②向侧左右大分腿跳（以右脚为例）。

预备姿势：右脚在前的五位站立，两臂一位。

前奏：

1–3 拍：不动。

4 拍：两腿半蹲，后半拍两脚蹬地向右侧上方跳起，两腿在空中左右分开大于 135°，左腿稍高，右腿不低于 45°，两臂由一位至侧平举。

动作做法（图 3-174）：

1 拍：右脚向右侧落地成半蹲，左腿侧举，两臂侧平举。

2 拍：左脚落地成右脚在前的五位半蹲。

3 拍：两腿伸直，两臂下落成一位。

4 拍：同前奏第 4 拍。

动作要求：两脚蹬地有力，空中身体正直，右腿不低于 45°，左腿不低于 90°。

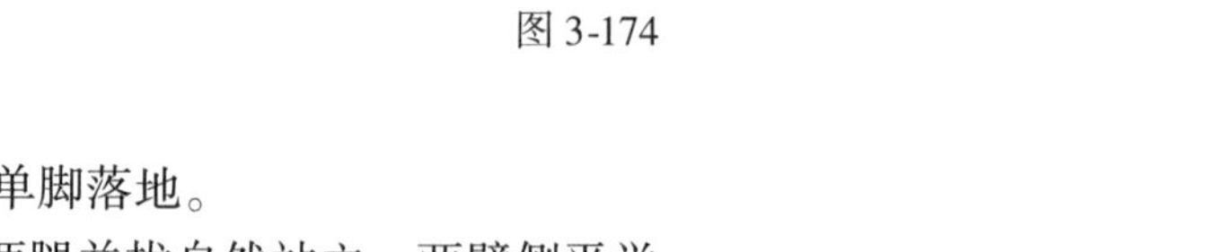

图 3-174

（2）结环跳单脚落地。

预备姿势：两腿并拢自然站立，两臂侧平举。

前奏：

1–3 拍：不动。

4 拍：两腿半蹲，后半拍两脚蹬向上跳起，两臂由侧平举至一位。

动作做法（图 3-175）：

图 3-175

1 拍：跳起后，在空中一腿向前下方伸，另一腿膝屈或直膝后踢，抬头挺胸，后腿脚尖低于头部，两臂由一位经二位至三位。

2 拍：前脚落地成半蹲，后腿后伸着地，两臂由三位至二位。

3 拍：重心后移，经跪立至跪坐于后腿脚跟上，前腿伸直着地，上体前倾，两臂由二位经一位至斜后举。

4 拍：停止不动。

动作要求：

①结环跳后，前腿落地，经半蹲后再向后移重心成单腿跪坐，一腿前伸的舞姿。

②前面所叙述过的双跳双落中的半劈腿跳、鹿跳、前后两分腿跳等动作在结束时也可单脚落地。

（3）双跳单落成舞姿。

两手叉腰，两脚一位站立开始，经半蹲向上跳起，落地时一腿半蹲，外一腿前举 25°~45°，或者侧举、后举 25°~45°。另外还可落地成平衡、斜探海、迎风展翅舞姿等。各种舞姿由于步伐部分已作阐述，这里就不再重复。

4. 单跳单落

（1）屈直腿大跨步跳。

预备姿势：两脚自然站立，两臂侧平举。

前奏：

1–3 拍：不动。

4 拍：左脚上前一步，两臂由侧平举至一位。

动作做法：左脚蹬地跳起，同时右腿屈膝向前上方跨出，在空中立即将膝伸直，左腿尽量向后上方拉开，两腿在空中大于 135°，左臂前平举，右臂侧平举。随后，右脚落地，两臂落下成一位（图 3-176）。

动作要求：蹬地有力，腾空高，在空中右小腿弹出要快，以保持在空中“停住”的瞬间，两腿要尽量打开至 180°。

（2）后屈大腿跨步跳。

预备姿势：两脚自然站立，两臂侧平举。

图 3-176

前奏：

1–3 拍：不动。

4 拍：左脚上前一步，两臂一位。

动作做法（图 3-177）：

图 3-177

1 拍：上半拍，左脚蹬地跳起，同时右腿向前上方跨出，在空中时左腿屈膝尽量向后上方拉开，左腿尽量经二位至三位。接着右脚落地。

1 拍：下半拍，左脚再向前一步，准备做第二个。

动作要求：蹬地有力，腾空高，保持在空中“停住”的瞬间，前腿伸直，后腿弯屈，两腿要尽量打开至 180°。

（3）射燕大跳。

预备姿势：两脚左丁字步站立，两臂成双山膀。

前奏：

1–3 拍：不动。

4 拍：左脚上前一步，两臂经托掌、切掌至按掌。

动作做法：左脚蹬地跳起，同时右腿伸直向前上方跨出，在空中左腿弯屈尽量向后上方拉开，上体向右拧，手臂成右顺风旗，眼看右后斜方。接着右脚落地。左腿再上前一步，准确做下一个射燕大跳（图 3-178）。

动作要求：前腿向正前上方有力地踢出，后腿弹屈尽量向后抬起，上体在空中拧身成射燕舞姿。

（4）半劈腿跳。

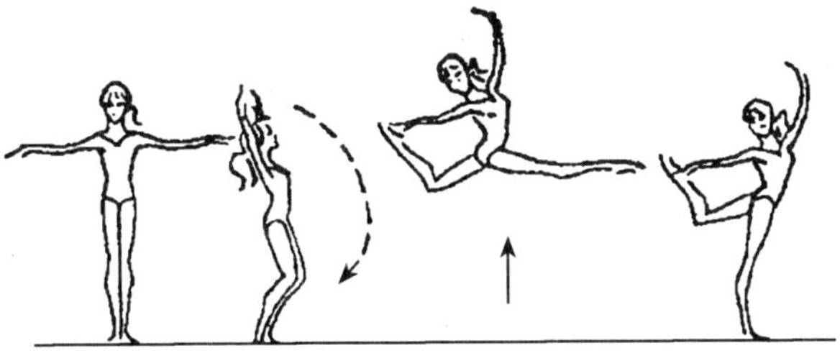

图 3-178

预备姿势：两脚自然站立，两臂侧平举。

前奏：

1–3 拍：不动。

4 拍：左脚上前一步，两臂一位。

动作做法：左脚蹬地跳起，同时右腿向上方跨出，在空中右腿屈膝，左腿尽量向后上方拉开，接着右脚落地。左脚再向前一步，准备做下一个半劈腿跳（图 3-179）。

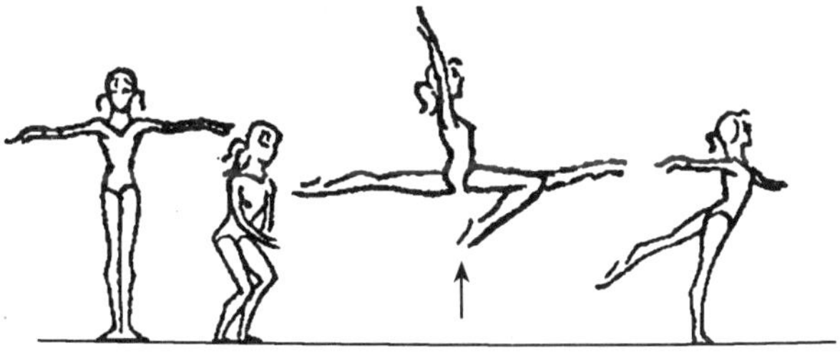

图 3-179

动作要求：蹬地有力，腾空高，在空中成半劈腿舞姿，两腿打开尽量成 180°。

（5）鹿跳。

预备姿势：两脚自然站立，两臂侧平举。

前奏：

1–3 拍：不动。

4 拍：左腿上前一步，两臂一位。

动作做法：（图 3-180）：

1 拍：上半拍，左脚蹬地跳起，同时右腿向上方跨出，在空中时左腿屈膝向后上方拉开，右腿屈膝前伸，两腿在空中大于 135°，两臂三位，接着右脚落地。

1 拍：下半拍，左脚再上一步，准备做第二次鹿跳。

动作要求：

①左脚蹬直，身体腾起后，两腿在空中屈膝，尽量打开至 180°。

②还可做成鹿结环跳——在空中上体后屈，抬头挺胸，左脚触头部（图 3-181）。

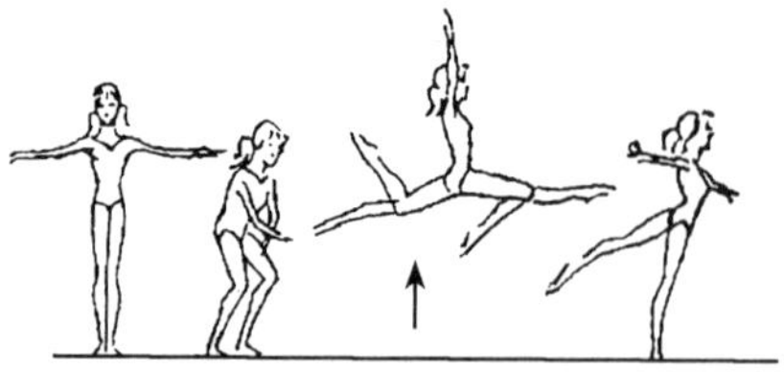

图 3-180

图 3-181

（6）侧大跨步跳。

预备姿势：两脚自然站立，两臂侧平举。

前奏：

1–3 拍：不动。

4 拍：右脚在左脚前交叉一步，两臂一位。

动作做法（图 3-182）：

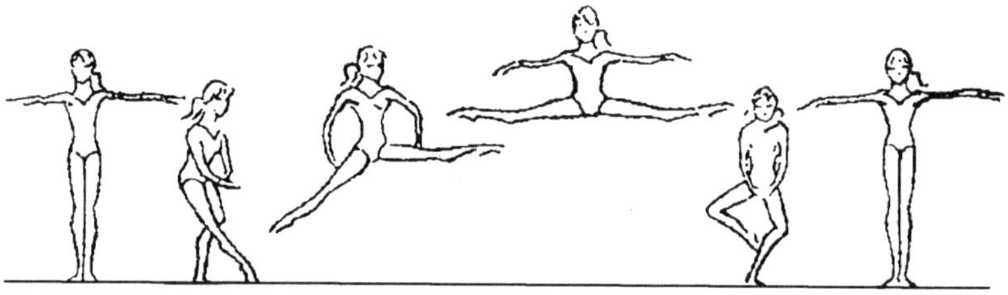

图 3-182

1 拍：上半拍，右脚蹬地跳起，左腿向左侧上方跨出，身体腾空时左、右腿尽量向左、右侧打开，两腿分开 135°以上，两臂侧平举，接着左脚落地。

1 拍：下半拍，左腿半蹲，右腿侧吸。两臂一位。

2 拍：右腿伸直，落地与左脚并立，两臂侧平举。

3 拍：不动。

4 拍：右脚向左侧上步，准备做第二次侧跨跳。

动作要求：右腿起跳蹬直，在空中两腿向侧打开尽量至 180°。

（7）大跨步交换腿跳（拉腿跳）。

预备姿势：两脚自然站立，两臂侧平举。

前奏：

1–3 拍：不动。

4 拍：左脚上前一步，两臂一位。

动作做法（图 3-183）：

1 拍：上半拍，左脚蹬地跳起，同时右腿向前一方跨出，两臂三位。在空中腾起时，两腿前后交换，交换后左腿尽量向前伸，右腿尽量向后上方拉开，两腿在空中大于135°，同时两臂侧平举。接着左脚落地。

1 拍：下半拍，左腿半蹲，右腿后举。

图 3-183

2 拍：左腿伸直，右腿与左腿并拢。

3 拍：不动。

4 拍：左脚上步，准备做第二次大跨步交换腿跳。

动作要求：左脚起跳干脆有力，腾空高，两腿在空中交换后尽量打开至180°，并保持在空中“停住”的瞬间。

（8）侧屈腿击脚跳。

前击脚跳、侧击脚跳及后击脚跳参看基本步伐部分。

预备姿势：两脚自然站立，两臂侧平举。

前奏：

1–3 拍：不动。

4 拍：上半拍，左脚向左侧一步。

4 拍：下半拍，右脚在左脚前交叉一步。

动作做法（图 3-184）：

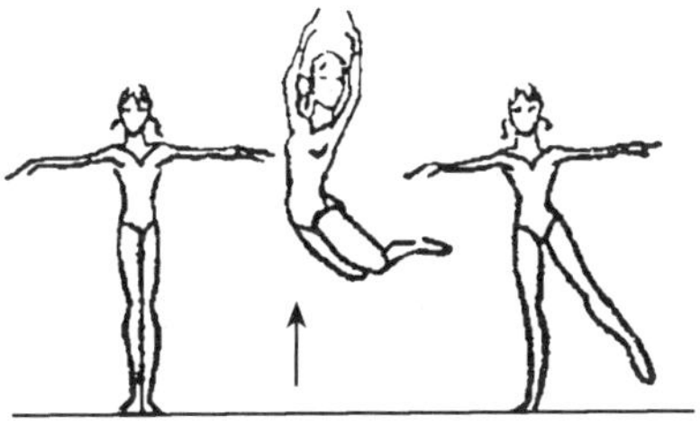

图 3-184

1 拍：上半拍，右脚蹬地跳起，左腿屈膝向左侧摆起，在空中右腿屈膝迅速靠拢左腿，右腿击左脚（两脚内侧相击），此时身体在空中成一条斜线，两臂上举。接着右脚落地，左腿直膝向左侧举起。

1 拍：下半拍，停止不动。

2 拍：左脚向右侧上步准备向相反方向做。

动作要求：蹬地有力，身体在空中成一斜线，两腿侧击时，大小腿稍大于90°。

（二）小技巧练习

艺术体操的技巧动作，根据规划要求，不允许采用竞技体操中典型的技巧动作，如单臂和双臂支撑倒立，任何形式的手翻、空翻，支撑倒立成桥或前、后软翻等。艺术体操的技巧动作都是采用单、双臂的过渡性支撑（不能有停顿），双腿不经垂直部位通过的动作，一般用得较多的是通过单臂或双臂的过渡性支撑滚过去的动作或经过肩、胸支撑的翻转动作。本书选用了部分艺术体操中常用的小技巧，广大教练员在运动实践中，还可进一步发展更多更美的小技巧动作。在进行小技巧动作练习时，徒手掌握后，可持轻器械进行反复练习。

1. 前滚翻直腿坐或分腿坐

动作做法：蹲立，两手向前撑地，两脚蹬地（腿伸直），同时提臀、屈臂和低头，使头后部、背、腰、臀依次着垫，当臀部着垫时，上体起，同时两腿伸直并拢（或分腿）腿放在垫上，两手于体侧撑垫成坐（图3-185）。

图3-185

协助者可蹲在练习者侧面，当练习者滚至臀部着垫时，用手托其背部。

动作要求：

（1）向后团身滚动，向前滚动时成直腿坐或分腿坐。

（2）滚动圆滑地完成动作练习。

（3）两腿并腿或分腿放在垫上时应轻松。

2. 后滚翻成跪立

动作做法：蹲撑开始，重心后转，接着低头团身后滚动，同时两手放在肩上，手指向后，掌心向上，使臀部、腰和背依次着地，当向后滚动至肩和头部着地时，两小腿稍后伸，脚面触地，膝关节弯曲，同时两手迅速用力推地，抬头，上体抬起成跪立姿势（图3-186）。

协助者蹲在练习者的侧面，当练习者滚至肩头着地时，两手扶练习者的腰的两侧上提。

动作要求：

（1）两手放在肩上做团身向后、向前滚动。

（2）这个动作还可做偏头经单肩后滚翻成跪或半劈腿坐等动作（图3-187）。

图 3-186

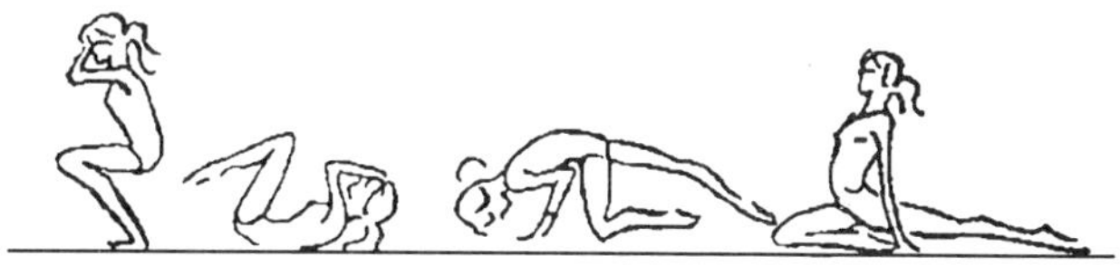

图 3-187

（3）滚动圆滑地完成动作练习。

3. 跪跳起

动作做法：跪立，两臂后举，上体稍前倾，屈髋，然后两臂用力向前上方摆起，同时髋抬上体，用小腿和脚面压地立即向前提膝跳起成蹲立。

协助者站在练习者侧后方，当练习者两臂前摆时，两手扶其腰部助力跪跳起。

动作要求：

（1）跪立开始，两臂前后摆动做有节奏的弹动屈伸髋部，在两臂前摆时做提膝和脚面压地动作。

（2）一人拉着练习者双手或双臂做跪跳起。

（3）在帮助下完成跪跳起。

（4）跪跳起有各种变化，如跳起后一腿半蹲、一腿前伸等，这在艺术体操中经常采用（图 3-188）。

4. 侧胸翻（以左侧为例）

预备姿势：右腿跪立，左腿屈膝前点地。

动作做法：重心移至左腿，上体前倒，左臂屈肘于体前撑地，右腿向侧上方摆起，右臂前伸屈，肘撑地，经胸支撑，左脚蹬离地经分腿斜倒立姿势，右腿落地屈膝，同时上体向内转体 90°，左腿后伸成半劈腿坐，右手侧后撑地，左臂左侧斜下举（图 3-189）。

图 3-188

图 3-189

协助者跪立在练习者的背面，两手扶练习者的腰两侧帮助翻转。

动作要求：

（1）掌握练习地上侧手翻。

（2）掌握两臂屈肘支撑的侧手翻。

（3）掌握两臂屈肘支撑的侧胸翻。

（4）掌握两臂屈肘支撑的侧胸翻后，可练习两臂依次伸直平放在地的侧胸翻（图3-190）。

（5）这个动作对柔韧性要求很高，因此一定要充分活动腰部后再练习。

5. 单臂支撑飞身跳（以右臂支撑为例）

预备姿势：两腿屈膝交叉（左腿在右腿上交叉），坐在垫上，右手侧后撑地（手指尖向后）。

动作做法：右手支撑，左脚蹬地同时向右上挺髋带动右腿（屈腿或直腿）向右上方腾起，接着左脚蹬地向后伸直腿，两腿在空中成斜的半劈腿或大分腿腾起，左臂侧举。然后，右膝落地成右腿屈膝的半劈腿坐或右脚落地，同时顺势向右转体360°成跪立姿势（图3-191）。

图3-190

图3-191

协助者站在练习者左侧，一手托练习者的左臂，一手托练习者的腰。

动作要求：

（1）左腿在右腿上屈膝交叉坐在垫上，右手侧后撑地，练习左脚蹬地，向右上挺髋的动作。

（2）在帮助下练习。

（3）右臂要充分顶肩，用力支撑，左脚蹬地时，使身体重心尽量向右上腾起，但不能经过垂直部位。

6. 单臂斜前翻

动作做法：由站立姿势开始，右脚向前一步，右手前伸撑地，左腿向右斜前上摆起，接着右脚蹬地伸直举起（不经过倒立，在右上45°位置）。然后顶肩，稍抬头，上体前翻，左腿屈膝尽量在靠近右手支撑的地方用前脚掌落地，同时立即屈髋，臀部坐地，上体稍后仰成右腿前上举，右手撑地（手指转向后），左臂侧举的坐撑姿势（图3-192）。

图3-192

协助者蹲立在练习者左侧，一手托练习者的腰背部，一手托练习者的左臂。

动作要求：

（1）练习前软翻。

（2）练习单臂前软翻成坐撑。

（3）在帮助下练习。

（4）两腿不能经过垂直部位。

（5）落地轻松。

7. 胸滚成体后屈

动作做法：站立开始，两脚起踵，同时尽量向前上挺髋、挺胸，接着，向前经屈膝跪地，并继续向前挺髋、挺胸，上体前倒经髋腹，胸依次流动至上胸和下颌贴在地面上，两腿顺势后上举起，成一腿后上举，一腿屈膝脚尖点地，两臂伸直侧压成的体后屈姿势（图 3-193）。

协助者站在练习者侧面，一手托练习者的腰，一手托练习者的腹，帮助其膝关节跪地，然后托其腿帮助身体后屈。

动作要求：

（1）站立，立踵向前上挺髋成膝关节跪地。

（2）跪立，向前挺髋，经髋、腹滚至胸，两腿顺势后摆。

（3）在帮助下练习。

（4）动作连贯不停顿，滚动圆滑。

（5）肩关节状况好的，两臂可向后上举起（手心向上）。

8. 跪撑侧滚翻一周反身转体成跪撑平衡

预备姿势：绷腿跪撑。

动作做法：团身，两臂上举向左倒经身体左侧，背、身体右侧滚动 360°成双腿跪撑，接着左臂支撑，右腿伸直向左后上摆起，同时右臂推离地面上举，抬头、挺胸，尽量体后屈，继续向翻转 360°，右手撑地，左手推地成右腿路经地，后举左腿，左臂后斜上举的单臂跪撑平衡（图 3-194）。

图 3-193

图 3-194

协助者蹲立于练习者右侧，当练习者后举左腿时，一手托练习者的右腿，一手托练习者的肩帮助其翻转 360°成右臂支撑、左腿后举的跪撑平衡。

动作要求：

（1）做团身向侧滚翻 1 周。

（2）做掀身探海的练习。

（3）双腿跪撑，右腿向后上举腿向右翻转 360°成右臂支撑、左腿后举的跪撑平衡。

（4）连贯不停顿地完成动作练习。

9. 单肩挺身后滚翻

动作做法：坐撑开始，上体后倒举腿翻臀同时向左偏头，两臂侧伸，当臀部翻至垂直部分时，两腿向后上方伸出，充分展髋，使身体成反弓形，经肩、胸、腹、大腿依次着地滚动，两手撑地成挺身俯撑（图 3-195）。

协助者站在练习者侧后方，当练习者做伸髋时，两手握其小腿上提，帮助其挺身及控制身体依次滚动着地。

动作要求：

（1）坐撑后倒举腿翻臀，伸髋、偏头至倒立部位。

（2）在帮助下完成。

（3）充分展髋，滚动圆滑。

10. 仰卧乌龙绞柱

预备姿势：分腿坐在地上。

动作做法：上体向左侧前倒，同时右腿从左经后向右摆动画平圆，翻臀，肩背着地，两臂侧伸，紧接着左腿也从左向后向右摆动画平圆，与右腿在空中相绞，然后上体起，右手撑地，右腿在前屈腿着地，左腿经前向左伸直成半劈腿坐（图 3-196）。

图 3-195

图 3-196

动作要求：

（1）先做腰背不离地面的两腿上举相绞的动作练习。

（2）动作要迅速，在空中必须有两腿相绞的动作。

11. 旋子

动作做法：两脚开立，身体右转，左脚离地，左臂前平举，右臂后下举，然后，左脚向左侧落地，上体平俯向左甩腰摆动，两臂伸直随身体向左旋（旋转 1 周后），右脚先落地，左脚随之落地（图 3-197）。

协助者站在练习者左后侧，一手托其左臂，一手托其腹部，帮助其身体腾起并平旋 1 周。

动作要求：

（1）以左腿支撑，保持燕式的姿势，原地向左旋转 1 周。

（2）在帮助下直接练习。

（3）身体在空中成水平旋转 1 周，两腿要高过头。

12. 屈腿坐撑挺髋起

预备姿势：两腿屈膝坐在地上，左臂在体侧撑地（手指向后），右臂上举。

动作做法：重心前移至两腿同时向前上尽量挺髋，左手推地，抬头，挺胸起站立姿势（图 3-198）。

协助者站在练习者右侧，一手托其腰，一手握其右臂，帮助其推起成站立姿势。

动作要求：

图 3-197

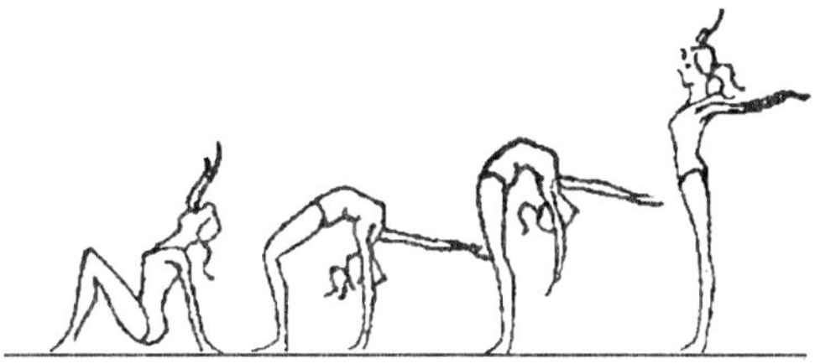

图 3-198

（1）由桥开始，两手推地成站立姿势。

（2）臀部坐在高处，两腿稍分开，屈膝放在低处，单臂支撑挺髋起。

（3）在帮助下练习。

（4）挺髋起时，两腿应靠拢。

（5）动作连贯。

十二、行进间步伐练习

（一）行进间步伐练习的作用

行进间步伐练习，是在移动中进行的，一般作为动作间的连接。通过步伐练习，能培养练习者的协调性、灵活性和节奏感，使各种进、退、动、止等动作更加流畅自如。步伐练习，配以手臂动作和身体舞姿，可在运动中体现姿态的美，使动作更富韵味。

（二）行进间步伐练习的内容

1. 柔软步

动作做法（图 3-199）：

1 拍：从站立开始，右腿支撑，左腿外开，绷脚直膝向前下方伸出，由脚尖外侧先触地，再柔和地过渡到全脚掌着地，重心随之前移。

动作要求：

（1）动作前，先做好正确的站立姿势，走时上体正直、挺胸、沉肩、收腹立腰、抬头、两眼平视前方，出腿保持开、绷、直。

（2）走的过程中，两腿肌肉要紧张与松弛相交替，前腿相对紧张，后腿相对松弛。

（3）走时肩和髋正对前方，身体不能左右晃动，每走一步重心都要及时前移。

2. 足尖步

动作做法（图 3-200）：

1 拍：从双脚起踵立开始，右腿支撑，左腿外开绷脚向前下方伸出，脚尖外侧先触地再过渡到前脚掌，重心随即前移。

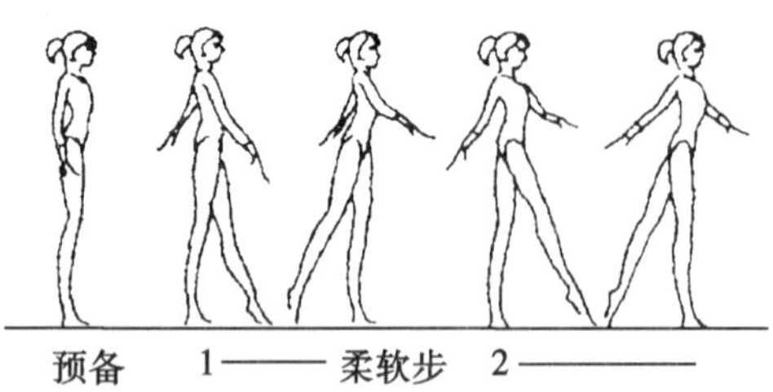

图 3-199

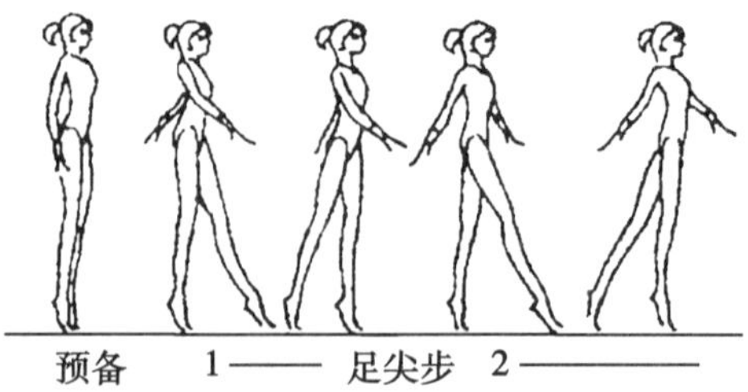

图 3-200

动作要求：

（1）身体保持正直，挺胸收腹、沉肩、立髋、立腰，腿伸直外开。

（2）在动作过程中，始终保持重心，移动平衡，身体不能上下起伏，脚走直线。

3. 柔软跑步

动作做法（图 3-201）：

1 拍：右脚稍蹬地，同时左腿屈膝提起，绷脚尖，稍经腾空后，小腿向前下方伸出，以前脚掌过渡到全脚掌着地，重心随之前移，两臂在体侧自然摆动。

动作要求：

（1）后脚稍蹬地，稍经腾空后，前脚轻而有控制地着地，使动作富有弹性、活泼轻快。

（2）跑动时步幅不宜过大，身体重心稍向前，立髋、立腰，不要坐着跑。

（3）跑时，不要向后甩小腿，也不能做成后蹬跑，脚面应绷直。

4. 跑跳步

动作做法（图 3-202）：

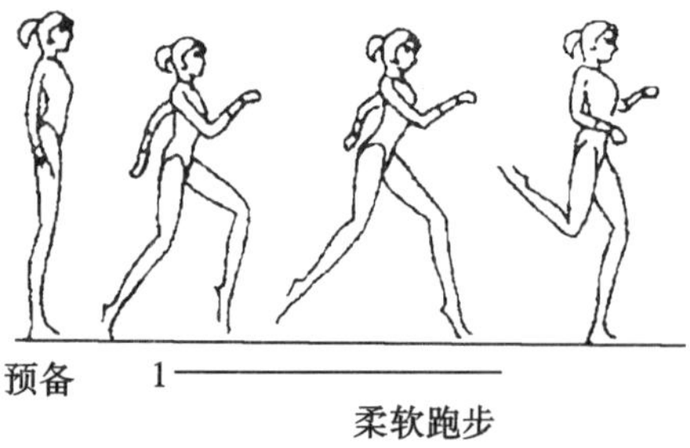

图 3-201

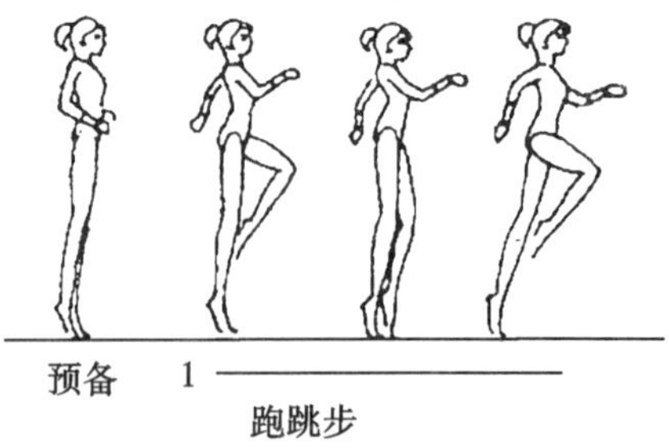

图 3-202

起踵立。

节拍前：右脚向上轻跳一次，同时左腿前吸，脚面绷直，脚尖向下。

1 拍：上半拍，左脚向前落地，两腿微屈。

1 拍：下半拍，左脚向上轻跳一次，同时右腿前吸。

动作要求：

（1）吸腿不宜太高，但要绷脚尖，立腰、立髋，身体保持高度重心。

（2）整个动作用脚前掌着地，轻快活泼，两臂体侧屈肘自然摆动。

5. 沙塞步

动作做法（图 3-203）：

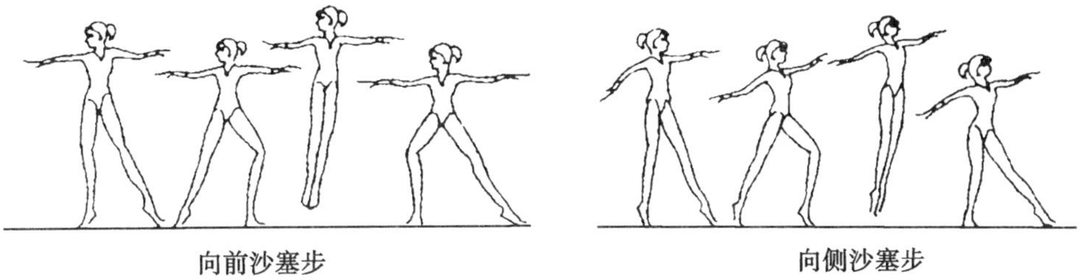

图 3-203

向前沙塞步——左（或右）脚向前擦地滑出，经弓步，重心随之前移并迅速蹬地跳起，后追赶前腿成空中直膝并腿绷脚尖。然后右（左）脚落地，左（右）脚向前滑出接着做第二次。

向侧沙塞步和向后沙塞步同向前沙塞步的动作，但方向应向侧和向后做。

动作要求：

（1）练习时，身体重心向前进方向移动，要有明显的腾空动作，但不要过高。

（2）出脚滑步和跳落时脚必须先着地，再过渡到全掌。

（3）空中两腿应伸直并拢，每一次腾空前要有屈膝过程，空中绷脚尖、立腰、立髋，不能向前挺髋和向后撅臀。

6. 滚动步

动作做法（图 3-204）：

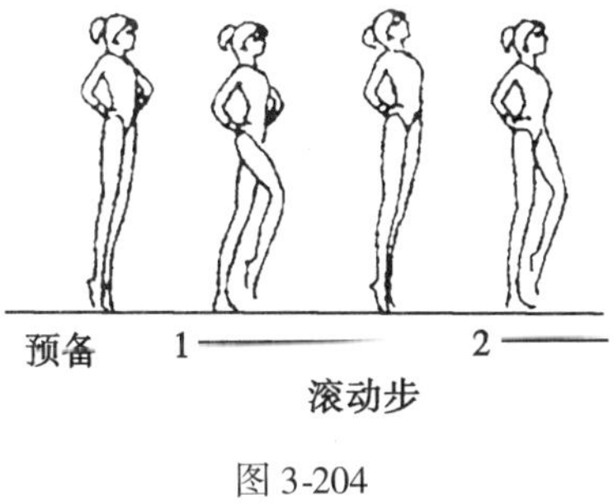

图 3-204

1 拍：从两脚起踵立，两手叉腰开始，右腿直膝下压落踵，左腿屈膝，膝向前，足尖绷直点地，右脚起踵，两脚尖立起。

动作要求：

（1）练习时，两脚必须经过立踵，然后再落踵，脚掌要经过滚动的过程。

（2）身体应保持正确的站立姿势，重心上提，髋不许左右摆动，重心只能垂直上升与下降。

（3）动作要柔和、连贯、有韧劲。

7. 弹簧步

动作做法（图 3-205）：

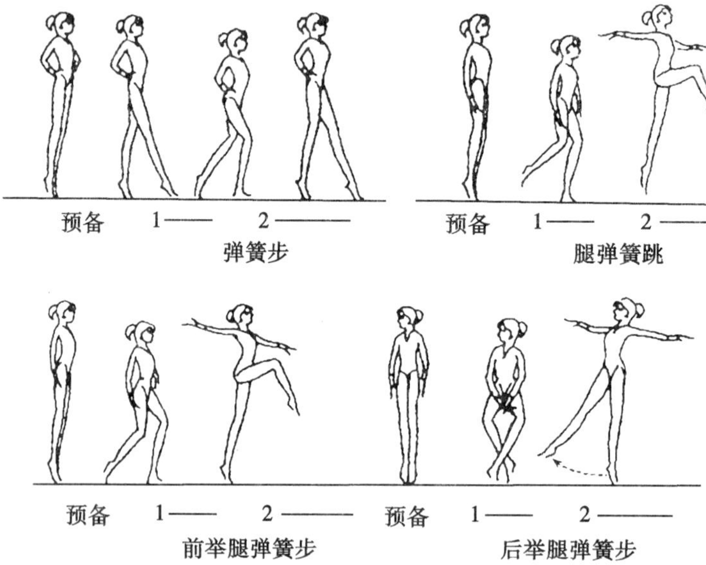

图 3-205

1 拍：从起踵站立，两手叉腰开始，右腿向前 1 次柔软步，稍屈膝，左腿在后，离地，膝自然弯屈。

2 拍：右腿膝、踝依次伸直，右腿柔和起踵，同时左腿向前下方伸直举 25°脚面绷直。

动作要求：

（1）先可扶把做，步幅不宜过大，膝、踝的屈伸要充分。

（2）动作柔和连贯，起踵高，像弹簧一样，既有弹性，又有韧性。

（3）在做好弹簧步的基础上，可做向前（或向侧）举腿弹簧步，也可做弹簧步跳。做法与弹簧步大致相同，惟第 2 拍不同，前（侧）举膝弹的第 2 拍是支撑腿经屈膝后，快速用力伸直跳起，另一腿屈膝前举，大、小腿成钝角，膝外开。

8. 变换步

（1）向前（侧后）变换步。

动作做法（图 3-206）：

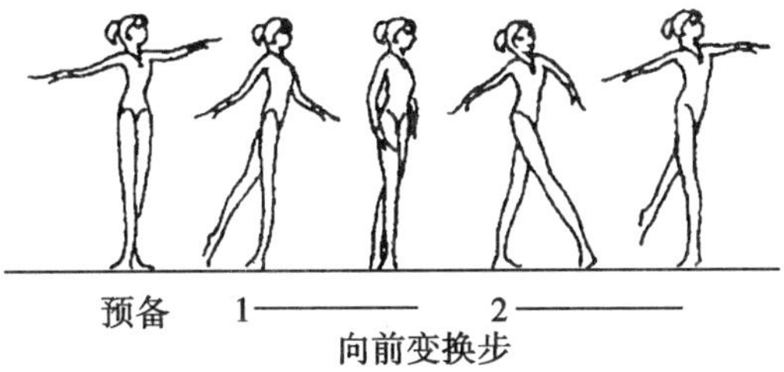

图 3-206

1 拍：右脚向前（或后、侧）1 次柔软步，后半拍左脚并右脚。

2 拍：右脚再向前（或后、侧）1 次柔软步，左脚后点地（前、侧点地）。

动作要求：

①动作协调、连贯、柔和，出脚腿保持开、绷、直，上体正直。

②要求前、后点地的部位准确，脚步动作熟练后，可配上手臂动作。

（2）变换步前、后举腿。

动作做法（图 3-207）：

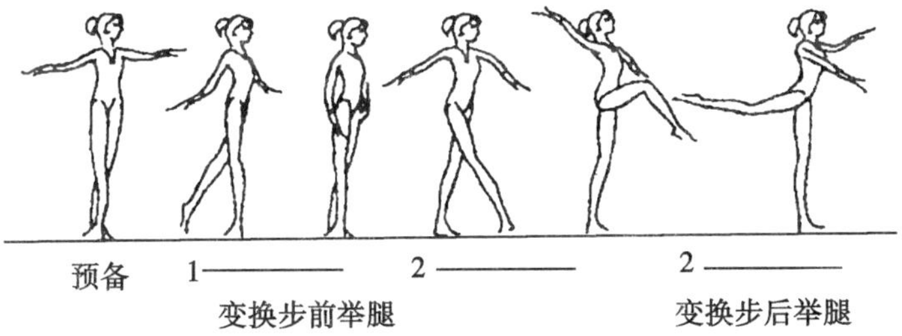

图 3-207

1 拍：与基本变化步相同。

2 拍：右脚再向前 1 次柔软步，右腿屈膝举或直腿后举。

动作要求：

①右腿屈膝前举肘，大腿抬平与小腿成钝角，膝稍外展。收腹立腰，上体正直，目平视。

②右腿后举时尽量伸直抬高，接近 90°。

③其他要求同基本变换步。

（3）变换步跳。

动作做法（图 3-208）：

动作同变换步后举腿，惟第 2 拍时，右腿上步经屈膝后向上跳起，左腿伸直后举。

动作要求：动作节奏稍快，做快速向前并步蹬地向上跳起，身体重心向上，动作

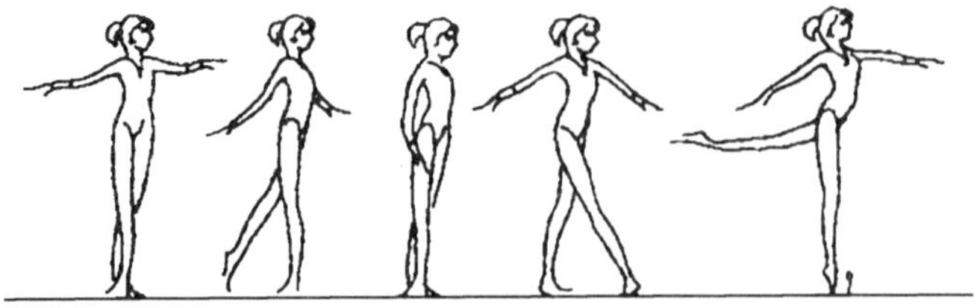

图 3-208

轻快。

（4）变换步转体。

动作做法（图 3-209）：

图 3-209

1 拍：动作同基本变换步 1 拍。

2 拍：左脚向前 1 次柔软步屈膝后直膝起踵，同时右腿前摆向左转体 180°，臂成三位。

动作要求：支撑腿起踵立的同时向前摆腿，一般在 90°左右，用摆动腿的脚尖带动转髋，同时向左甩头带动上体转。支撑腿提踵转时，收腹立腰，身体重心垂直向上，保持动作稳定。

9. 向侧交叉步

动作做法（图 3-210）：

1 拍：前半拍，从左肩对准前进方向站立，两手叉腰开始，右腿伸直在左腿前交叉一步屈膝，同时左腿自然弯屈，身体向左转 45°。

后半拍，左腿伸直向左侧一步，前脚掌着地，同时右腿伸直起踵，身体还原成原来的方向。

2 拍：前半拍，右腿伸直在左腿后交叉一步后屈膝，身体向右转 45°。

后半拍，左腿伸直向左侧一步，前脚掌着地，同时右腿伸直起踵，身体还原成原来的方向。

动作要求：动作过程中注意重心的上下起伏，上体保持正直，头和视线随直起身体的转动而转动。动作柔和、连贯。

10. 波尔卡步

（1）向前（侧后）波尔卡步。

动作做法（图 3-211）：

图 3-210

图 3-211

节拍前——左脚原地小跳 1 次，同时左腿直膝（或屈膝）向前（或侧、或后）下伸出 30°左右，两手叉腰。

1—2 拍：左脚向前（或侧、后）做 1 次并步跳，第 2 拍的后半拍右腿向上小跳 1 次，右腿直膝（或屈膝）向前（侧、后）下方伸出 30°左右。然后换右脚做。

动作要求：

①小跳要轻盈短促，整个动作要轻松活泼。

②练习时，动作节奏要准确，上体和头要与步伐自然协调配合。

③注意重心前移。

（2）前后点地波尔卡步。

动作做法（图 3-212）：

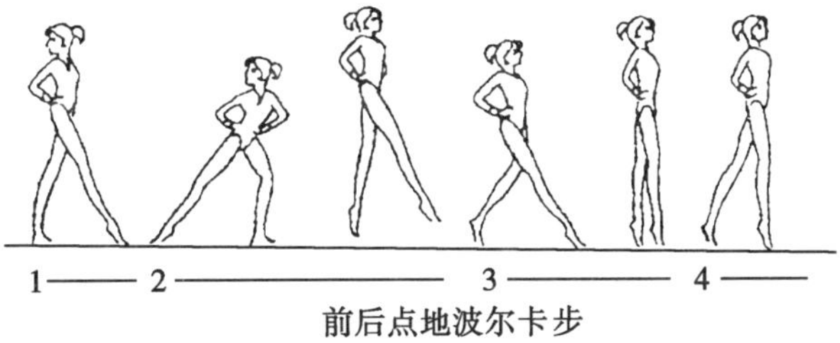

图 3-212

1 拍：左脚原地小跳 1 次，右脚前点地，上体稍后仰。

2 拍：左脚再原地小跳 1 次，右脚后点地，上体稍前倾，后半拍时左脚轻跳，右腿前举 30°。

3–4 拍：右脚向前波尔卡步 1 次。

动作要求：

①做前、后点地时，身体重心始终保持在支撑腿上，不能做成交换腿跳。

②做前、后点地时，支撑腿自然弯曲，上体随脚点地的动作向前、后倾斜。

（3）踵趾波尔卡步。

动作做法（图 3-213）：

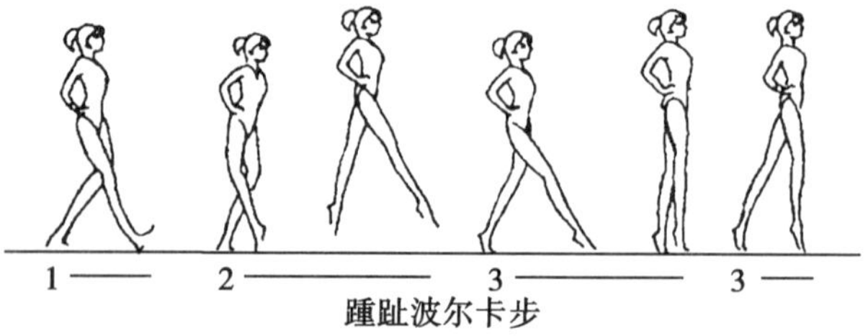

图 3-213

1 拍：左脚原地小跳 1 次，右腿向右前方脚距点地，左腿落地屈膝。

2 拍：左脚再原地小跳 1 次，落地屈膝，右腿屈膝，用脚尖在左脚外侧点地 1 次。后半拍左脚轻跳，同时右腿向右前下方伸出 30°左右。

3-4 拍：右脚着地接着向前方 1 次交替步。

动作要求：用脚跟和脚尖点地时，重心始终保持在支撑脚上，同时支撑腿小跳落地后屈膝。

11. 华尔兹步

（1）向前（侧、后）华尔兹步，以右腿为例。

动作做法（图 3-214）：

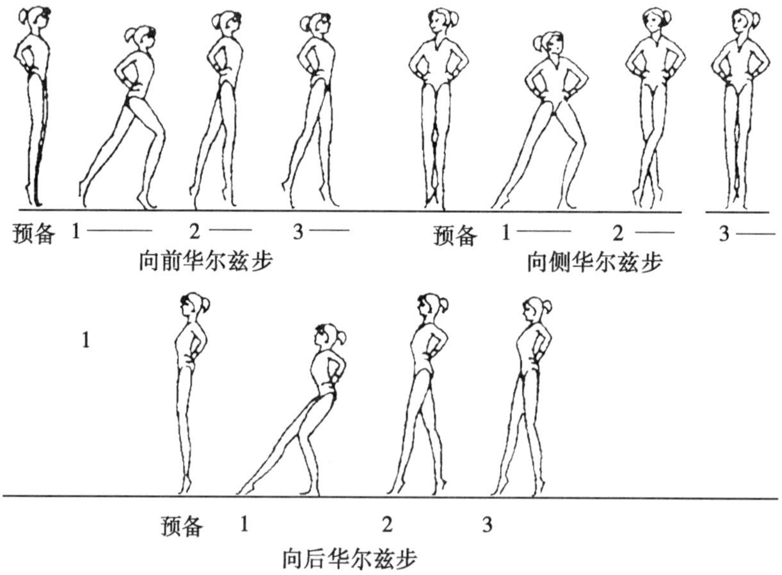

图 3-214

1 拍：预备姿势。右脚向前（或侧、后）1 次柔软步屈膝，重心随之前移。

2 拍：左脚向前（或侧、后）1 次足尖步。

3 拍：右脚向前（或侧、后）1 次足尖步。接着换左脚开始做，方向相反。

4 拍：从起踵立，两手叉腰开始，左腿向后 1 次柔软步屈膝，上体稍左侧屈。

5 拍：右脚向后 1 次足尖步，同时右转 90°。

6 拍：继续右转 90°，左脚与右脚并立起踵。

动作要求：

①动作要连贯、柔和、流畅，身体有起有伏。

②三步步幅应均等，不宜过大，第一步屈膝要柔和，稍要坐髋，足尖步起踵要高，身体重心随之前移。

③与手臂动作配合时，手臂动作为 3 拍做 1 个动作。

（2）转体华尔兹。

图 3-215

动作做法（图 3-215）：

1 拍：从起踵立，两手叉腰开始，右脚向前 1 次柔软步屈膝，上体稍左侧屈。

2 拍：左脚向前 1 次足尖步，同时右转 90°。

3 拍：继续右转 90°，右脚与左脚并立起踵。

动作要求：

①转体动作要连贯、柔和、有起伏。

②如果做左转体华尔兹，先出左脚。

（三）基本步伐和基本动作组合

1. 柔软步、足尖步组合

预备姿势：全体成单圆圈逆时针方向站立，两臂侧平举（图3-216）。

动作做法：

（1）1×8 拍。

1–4 拍：右脚开始向前做 4 次柔软步，同时两臂经一、二、三位至七位（图 3-217）。

5–8 拍：同 1–4 拍。

（2）2×8 拍。

1–2 拍：右脚上步，左脚后点地，两臂经一位至左臂前举，右臂侧举（图 3-218）。

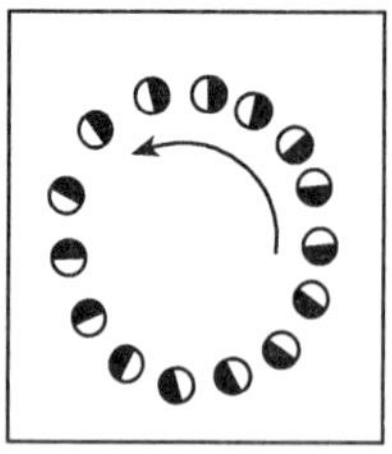

图 3-216

图 3-217

3–4 拍：同 1–2 拍，换脚开始做。

5–8 拍：右脚开始向前做 3 次柔软步，第 8 拍左脚与右脚并立起踵，同时两臂向下经体前交叉向外绕环至侧平举，抬头挺胸（图 3-219）。

（3）3×8 拍。

1–4 拍：右脚开始向前做 4 次足尖步，同时右臂经一、二、三位至侧平举（图 3-220）。

图 3-218

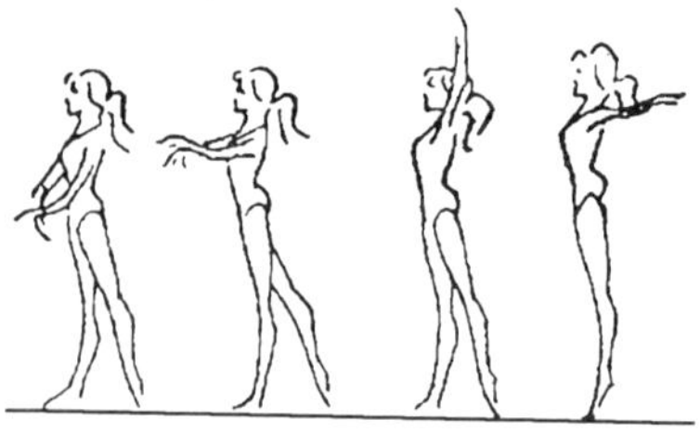

图 3-219

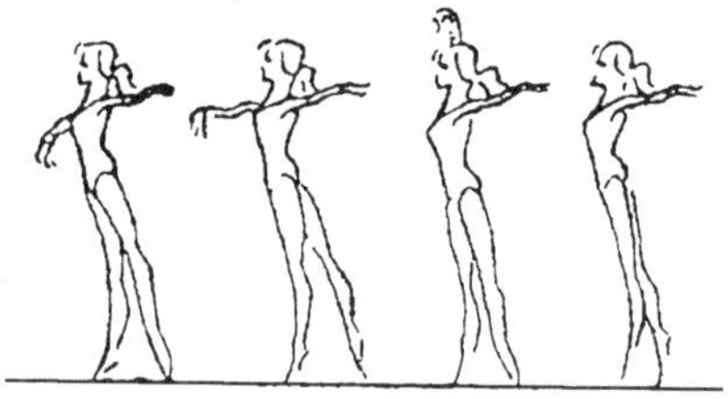

图 3-220

5–8 拍：同 1–4 拍，换左臂做。

（4）4×8 拍。

1–8 拍：右脚做足尖步 1 次，左脚并右脚，两臂由先平举经一位向右侧摆至侧举（图 3-221）。

动作要求：

①行进时要保持优美的身体姿态，收腹立腰，稍抬头挺胸，手臂部位准确、幅度大（图 3-222）。

②练习组合前，先做步伐练习，不加手臂动作。

③这一组合适合选用 2/4 的音乐，也可选用 4/4 的音乐。

2. 变换步组合

预备姿势：站立体操队形，面向 1 点。

动作做法：

图 3-221

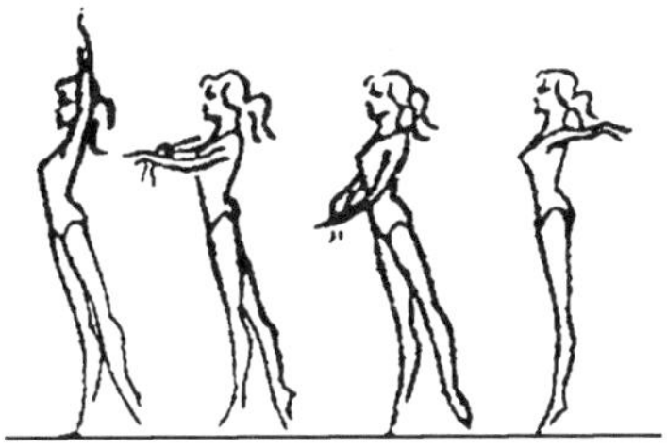

图 3-222

（1）1×8 拍。

1 拍：右脚向前点上一步稍屈膝，左脚屈膝后点地，左臂前举屈肘指尖向上，手心向里；右手手心向外，眼看右前上方（图3-223）。

图 3-223

2–3 拍：右脚向 3 点一小步，右转 180°成起踵站立，右臂经侧下，腰前屈肘向外，手背离身体（5 ~ 10 厘米）至后下举。

4 拍：腿半蹲，两臂前后交换，柔和地摆动 2 次（30°左右）。

5 拍：转 45°双脚起踵站立，面向 8 点，左臂侧平举，右臂经二位至侧平举，手心向上。

6–8 拍：左脚开始向前做变换步后点地 1 次，两臂经 1 次至左臂侧平举，右臂前平举（图 3-224）。

（2）2×8 拍。

1–2 拍：左脚开始面向 4 点做 1 次变换步前点地（后退做），同时两臂放下经体侧前摆 30°又放下体侧至侧后下举（圆臂，手心向下），看右下方（图 3-225）。

3–4 拍：同 1–2 拍，方向相反。

5 拍：左脚侧出一小步，同时左转 180°，右脚并左脚，两臂经一位至交叉上举（稍屈肘，掌心向内），眼向左前上方看（图 3-226）。

6 拍：左脚后退一步，同时左转体 180°成半蹲，右脚前点地，面向 8 点，左臂经一位后前斜下举，右臂经一位后至后斜上举，上体挺直（图 3-227）。

7–8 拍：同 5–6 拍，方向相反。结束时面向 2 点。

图 3-224

图 3-225

图 3-226

（3）3×8 拍。

1–2 拍：右脚开始面向 2 点作变换步前举膝，左臂经一位至前斜下举，右臂经一位至后上举（图 3-228）。

图 3-227

图 3-228

3–4 拍：同 1–2 拍，但方向相反。

5–6 拍：左脚开始面向 6 点后退作变换步前点地，支撑腿半蹲，左臂经一位至前斜下举，右臂经一位至后斜上举。

7–8 拍：同 1–2 拍，但方向相反。

（4）4×8 拍。

1–2 拍：左脚开始面向 7 点作变换步后举腿 1 次，左臂经一、二位至侧平举，右臂经一位至前平举，眼看右前方（图 3-229）。

3–4 拍：面向 3 点做 1–2 拍的动作，但方向相反。

5 拍：右腿有弹性地屈伸 1 次，左腿屈膝前举，右臂经一位至前平举，左臂经一位至侧平举（图 3-230）。

6 拍：右腿小跳两次，左腿后举，右臂经一位至侧平举，左臂经一位至前平举（图 3-231）。

7 拍：左脚着地，右腿前交叉，向左转 360°两臂体侧弧形下举（图 3-232）。

8 拍：左脚蹬地，同时右脚擦地跃出一步（稍大）成半蹲，左脚前并屈膝后点地。右臂经二位至上举，手心向内，左臂经二位时翻腕至前平举，手心向上，抬头挺胸（图 3-233）。

图 3-229

图 3-230

图 3-231

图 3-232

图 3-233

动作要求：

①在掌握各种变换步的基础上，分段进行练习。

②动作连贯，部位准确。

③配 2/4 的音乐。

3. 华尔兹组合

预备姿势：面向 1 点成体操队形站立。

动作做法：

（1）1×8 拍。

1 拍：左脚步面向 8 点做前华尔兹 1 次，两臂前平举。

2 拍：左腿半蹲，右脚前点地，手心向外，两臂向侧打开至侧后上举，腰部向右拧转（图 3-234）。

3 拍：右脚开始做后腿华尔兹 1 次，左臂前平举，右臂侧后举。

4 拍：同第 3 拍动作，但方向相反。

5–8 拍：同 1–4 拍，但从右脚开始面向 2 点做。

（2）2×8 拍。

1–2 拍：面向 1 点，左脚开始做侧华尔兹 2 次，两臂向左前方平摆，然后向右前方平摆（图 3-235）。

3 拍：一左脚侧出半步，右脚前交叉向左转 315°，左、右臂依次上举。

4 拍：一左脚上前一步，右脚后点地，两臂向左前上方做一次小波浪（图 3-236）。

图 3-234

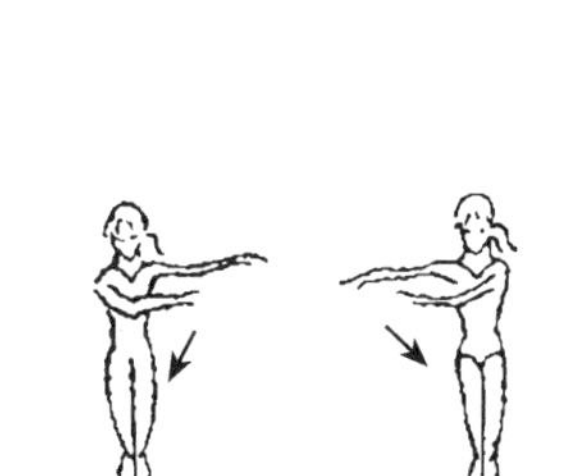
图 3-235

图 3-236

5-8 拍：同 1-4 拍动作，但方向相反。

（3）3×8 拍。

1 拍：左脚开始面向 8 点作向前华尔兹 1 次，左臂至左前上方，右臂后下举，抬头、挺胸（图 3-237）。

2 拍：右脚开始做后腿华尔兹 1 次，左臂下落至一位，同时右臂摆至后上举，含胸低头（图 3-238）。

3 拍：右脚开始做后腿华尔兹 1 次，两臂经一位至二位时翻腕（手心向外）向侧打开，看左上方，身体稍右侧屈，挺胸抬头（图 3-239）。

图 3-237

图 3-238

图 3-239

4 拍：右脚开始做华尔兹向左转体 180°，左臂一位，右臂三位，身体稍左侧屈，眼从右腋下看出（图 3-240）。

5-8 拍：同 1-4 拍，方向相反，但仍从左脚开始做。

（4）4×8 拍。

1 拍：左腿开始向后做 1 次华尔兹步，同时两臂经一、二位至三位。

2 拍：右脚开始向后做 1 次华尔兹步，同时经二、一位至七位。

3 拍：右脚屈膝半蹲，左腿侧举，同时左臂由上向内绕环 1 周至侧平举，右臂由七位至侧平举，身体向左侧屈（图 3-241）。

4 拍：右腿伸直，左脚着地，接着右脚在左脚前交叉向上左转 360°，同时两臂由上向内绕环 1 周至侧平举。

5-6 拍：由右脚在后的五位起踵立开始，右、左脚各做 1 次插秧步，两臂仍侧平举（图 3-242）。

图 3-240

图 3-241

图 3-242

7 拍：右腿在后的五位站立停止 1 拍，两臂放下至一位，后半拍两腿半蹲（图 3-243）。

8 拍：左脚向右蹬地跳起，同时右腿向侧擦出 25°后跃落成右腿半蹲，左脚后点地，两臂侧平举，左手稍高，腰部向左拧转，眼向左上方看（图 3-244）。

动作要求：

①动作柔和、圆滑、幅度大。

②配 3/4 节拍的音乐。

③初学时先分段进行练习。

4. 跑跳步组合

预备姿势：双圆圈，内外圈同伴对立（图 3-245）。

图 3-243

图 3-244

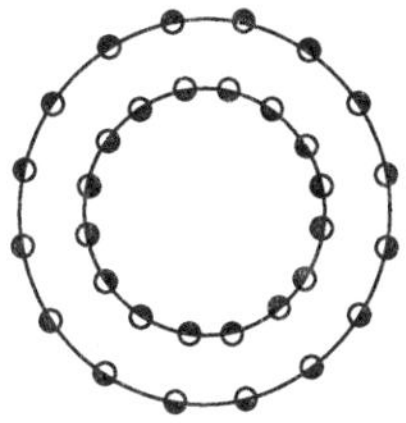

图 3-245

动作做法：

（1）1×8 拍。

1–4 拍：左脚开始原地做 4 次跑跳步（内圈向后做，外圈向前做），两臂自然摆动。

5–8 拍：左腿开始原地做 4 次跑跳步，两臂上举做小八字（∞）小绕环。

（2）2×8 拍。

同第 1×8 拍，但内圈向前做外圈向后做。

（3）3×8 拍。

1–4 拍：同伴错左肩向前做 4 次跑跳步，左臂屈肘后背，右臂下落，小臂在胸前向内绕环 1 周至前平举（图 3-246）。

5–8 拍：原地跑跳 4 次，同时右转 180°，右、左臂依次经二、三位至侧上举（图 3-247）。

（4）4×8 拍。

同 3×8 拍，但手臂动作方向相反，同时左转 180°。

（5）5×8 拍。

1–4 拍：同伴各左转 90°（内圈向逆时针方向，外圈向顺时针方向）向前做 4 次跑跳步，左臂前举，右臂后举，腰部向右拧转，头稍左倾，眼看右后方同伴（图 3-248）。

5–8 拍：原地做 4 次跑跳步，同时右转 450°，两臂侧屈肘，指尖触肩（图 3-249）。

（6）6×8 拍。

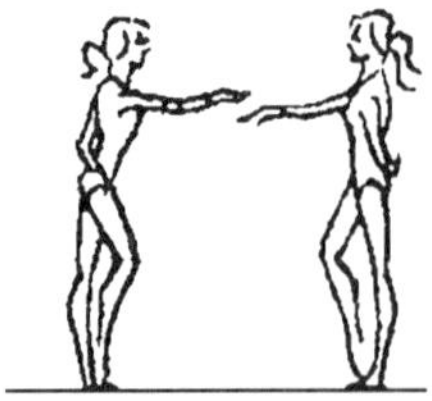

图 3-246

图 3-247

图 3-248

同 5×8 拍，但方向相反。

（7）7×8 拍。

1–4 拍：原地做 4 次跑跳步（但左脚在右脚前交叉落地，右脚在左脚前交叉落地），在面前举绕水平小八字。

5–6 拍：右脚蹬地，同时右转 90°双脚落地成半蹲，同伴左肩相对，右臂前举，左臂后举，腰向左拧转，头向左侧方（图 3-250）。

图 3-249

图 3-250

7–8 拍：双脚蹬地跳起向左后转 180°成半蹲，其他动作与 5–6 拍相反。

（8）8×8 拍。

1–4 拍：同伴左脚开始错左肩做 4 次跑步（跑时另一腿前举 25°）交换位置，两臂三位（图 3-251）。

5–6 拍：右脚蹬地跳起，与左脚并拢落成半蹲，两臂交叉上举，含胸低头（同伴背靠背）（图 3-252）。

7–8 拍：两脚蹬地跳起，同时左转 180°（同伴面相对）右腿屈膝落地。左后跟着地，两臂向前侧斜下举。上体稍前倾（图 3-253）。

动作要求：

①动作轻松、活泼。跑跳步时，抬起的腿屈膝 90°，即大腿与地面平行。

②配 2/4 的音乐。

③先分段进行练习。

5. 波尔卡组合

预备姿势：双圆圈逆时针方向站立，同伴体前交叉握手（图 3-254）。

图 3-251

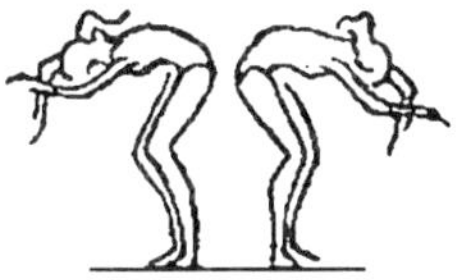

图 3-252

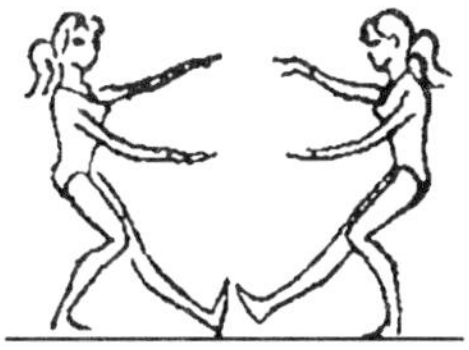

图 3-253

动作做法：

（1）1×8 拍。

1–2 拍：左脚开始向前做波尔卡步，同伴体前交叉握手。

3–4 拍：同 1–2 拍，但从右腿开始做。

5–8 拍：同 1–4 拍。

（2）2×8 拍。

同 1×8 拍，但在原地向左转 1 个小圈。

（3）3×8 拍。

1–2 拍：右脚原地小跳 2 次，左脚尖前、后各点 1 次地，同伴体前交叉握手（图3-255）。

3–4 拍：左脚开始向前做 1 次波尔卡步，同伴体前交叉握手。

5–8 拍：同 1–4 拍，但换脚做。

（4）4×8 拍。

1–6 拍：同 3×8 拍中的 1–6 拍。

7–8 拍：右脚开始作快踏步 3 次（右、左、右），同时同伴各向内侧转体 90°成面对面站立（即内圈右转 90°，外圈左转 90°），两臂放下体侧，自然下垂，手心向下（图3-256）。

图 3-254

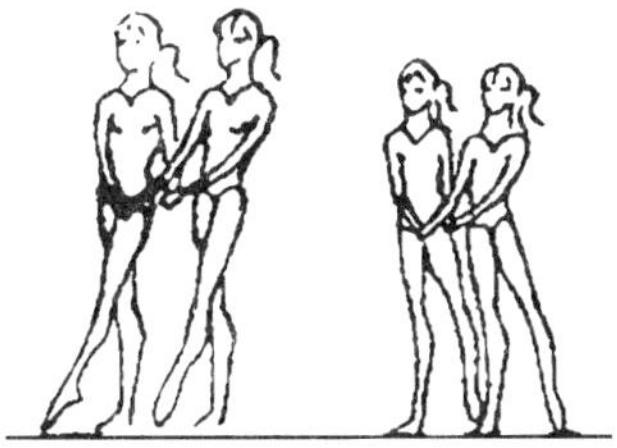

图 3-255

图 3-256

（5）5×8 拍。

内圈动作（向逆时针方向做）。

1–2 拍：两臂侧举，手心向上托住同伴的手，左脚开始做 1 次波尔卡步（图 3-257）。

3–4 拍：向左转 180°右脚做 1 次波尔卡步，同时右手握住同伴的左手落下，经体侧至斜上举，左手与同伴的右手分开经上举至后下斜举（图 3-258）。

5–8 拍：同 1–4 拍，但第 8 拍的下半拍以右脚为轴向右转 180°成面向顺时针方向。

外圈动作：与内圈动作相同，但方向相反。

（6）6×8 拍。

1–8 拍：动作同 5×8 拍，向顺时针方向背靠背开始做。

（7）7×8 拍。

1–4 拍：左肩相靠，左臂侧下举相互体前扶同伴的右侧腰部，右臂侧上举，左脚开始做 2 次波尔卡步，同时在原地向逆时针方向旋转 180°（图 3-259）。

图 3-257

图 3-258

图 3-259

5–8 拍：左脚开始做 4 次柔软步，同时在原地向逆时针方向继续旋转 180°，回到原来的位置。

（8）8×8 拍。

1–8 拍：动作同 7×8 拍，但右肩相靠，向顺时针方向做。最后第 8 拍时同伴内转 90°面向逆时针方向并立。

动作要求：

①动作轻松、活泼。

②配 2/4 的音乐。

③初学时，先分段进行练习。

6. 小跳组合

预备姿势：两脚站一位，两臂侧平举。

前奏：

1–3 拍：不动。

4 拍：上半拍两脚落地成一体，下半拍两脚又蹬起，在空中两脚尖绷直向下。

动作做法：

（1）1×8 拍。

1 拍：上半拍两脚落地成一位，下半拍两脚又蹬地向上跳起，在空中保持一位脚，脚尖向下，两臂由侧平举落至一位。

2 拍：同 1 拍，两臂二位。

3 拍：右脚落地成半蹲，左腿前举 25°，两臂三位，眼看左前方。

4 拍：上半拍不动，下半拍蹬地跳起（图 3-260）。

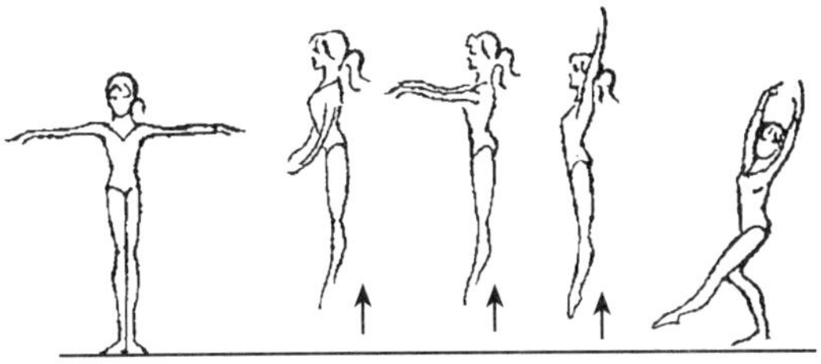

图 3-260

图 3-261

5–8 拍：同 1–4 拍，但第 7 拍时换为左腿半蹲，右腿前举 25°。

（2）2×8 拍。

1–2 拍：同 1×8 拍中的 1–2 拍。

3 拍：右脚落地成半蹲，左腿侧举 25°，左臂由二位至三位，右臂由二位至七位，眼看左前方。

4 拍：上半拍不动，下半拍蹬地向上跳起（图 3-261）。

5–8 拍：同 1–4 拍，但第 7 拍时落地成左腿半蹲，右腿侧举 25°，右臂三位，左臂七位。

（3）3×8 拍。

1–2 拍：同 1×8 拍中的 1–2 拍。

3 拍：右脚落地成半蹲，左腿后举 25°，左臂由二位至前平举，右臂由二位侧平举，眼看左侧方。

4 拍：上半拍不动，下半拍蹬地向上跳起（图 3-262）。

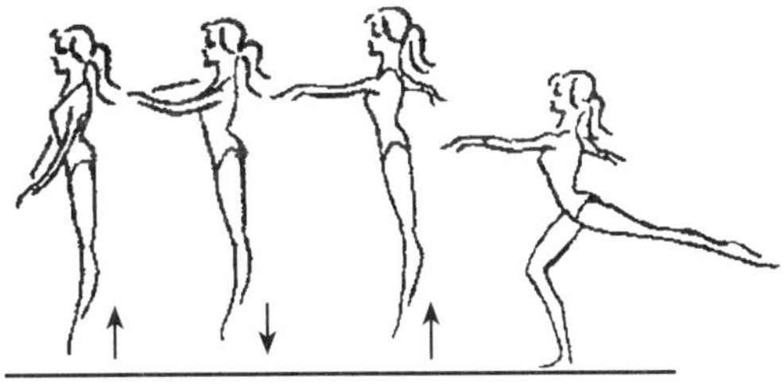

图 3-262

（4）4×8 拍。

1–8 拍：动作同 2×8 拍。但最后 1 拍两腿并立，两臂一位。

动作要求：

①在空中身体正直，收腹立腰。两腿保持一位，足尖向下。落地时动作轻，有控制。

②初学时先分段做。

③配 2/4 音乐。

（四）注意事项

（1）注意区别各种步伐的动作要领。

（2）在掌握了基本步伐以后，才能进行变化步的学习。

（3）在行进间步伐练习时，适当配合手臂和上体动作进行练习。

第二节 姿态的组合练习

姿态组合动作是进行形态训练的常用形式，是对初学者进行形体教学的主要内容。它是练习者在掌握若干基本动作之后，进一步巩固动作技术，提高动作的协调性、节奏感及表现力的重要手段。

我们将姿态组合分为单一型组合动作和综合型组合动作。单一型组合是将某一种技术类型的动作为主编排的姿态组合动作，是以巩固某一类动作技术，将同类不同形式的单个动作变换节奏和方向，按一定规律将动作串联进来进行的练习。综合型组合动作是由多种不同技术类型的动作编制而成的，是为了巩固和提高不同类型动作的技术质量和动作间的连接水平，使学生适应不同动作在节奏、速度和强度等方面不断变化的练习。

一、地上动作组合练习

（一）踝关节练习，4×8 拍

预备姿势：直腿坐地，脚尖绷直，两手后撑。

1. 1×8 拍

1–2 拍：钩脚尖上屈。

3–4 拍：踝关节上屈。

5–6 拍：踝关节伸展，脚尖保持不变。

7–8 拍：脚尖伸展踝关节保持不变。

2. 2×8 拍

同 1×8 拍。

3. 3×8 拍

1–4 拍：两踝同时向外绕环 1 周，脚尖保持伸展姿势。

5–8 拍：两踝同时向内绕环 1 周，脚尖保持伸展姿势。

4. 4×8 拍

同 3×8 拍。

（二）踝关节练习，4×8 拍

预备姿势：直起坐地，两手后撑。

1. 1×8 拍

1–2 拍：左腿向上屈膝，脚尖前点地。

3–4 拍：左腿伸直还原至开始动作。

5–8 拍：同 1–4 拍，换右脚练习。

2. 2×8 拍

1–8 拍：同 1×8 拍中的 1–4 拍，两脚同时完成 2 次。

3. 3×8 拍

1–2 拍：同 1×8 拍的 1–2 拍。

3–4 拍：左膝向右侧屈，上体保持挺胸抬头，右脚保持不变。

5–6 拍：同 1–2 拍。

7–8 拍：还原成开始动作。

4. 4×8 拍

同 3×8 拍，换右脚练习。

（三）头颈动作练习，6×8 拍

预备姿势：盘腿坐地，头颈直立，两臂自然放松，两手放于膝上。

1. 1×8 拍

1–2 拍：低头。

3–4 拍：还原。

5–6 拍：抬头。

7–8 拍：还原。

2. 2×8 拍

1–2 拍：向左偏头（侧屈）。

3–4 拍：还原。

5–8 拍：同 1–4 拍，但方向相反。

3. 3×8 拍

1–2 拍：向左转头。

3–4 拍：还原。

5–8 拍：同 1–4 拍，但方向相反。

4. 4×8 拍

1–2 拍：向左转头 90°。

3–4 拍：还原。

5–8 拍：同 1–4 拍，但方向相反。

5. 5×8 拍

1–4 拍：头颈从左向右绕环 1 周。

5–8 拍：同 1–4 拍，但方向相反。

6. 6×8 拍

同 5×8 拍。

（四）胸腰练习，6×8 拍

预备姿势：盘腿坐地，上体直立，两臂自然放松，两手自然放于膝上。

1. 1×8 拍

1–4 拍：上体向前含胸、低头，手臂动作不变。

5–8 拍：展胸、立腰、低头，手臂动作不变。

2. 2×8 拍

同 1×8 拍。

3．3×8 拍

1–4 拍：上体左侧转腰，头颈左侧低头，右臂屈肘，手指触左肩。

5–8 拍：还原成预备姿势（图 3-263）。

4．4×8 拍

同 3×8 拍。

5．5×8 拍

1–4 拍：上体左侧屈，头颈自然低头，右臂动作不变，右手至三位。

5–8 拍：上体从侧经前压回到开始动作，右臂从三位经二位至七位（图 3-264）。

图 3-263

图 3-264

6．6×8 拍

同 5×8 拍，但方向相反。

（五）肩部动作练习，6×8 拍

预备姿势：盘腿坐地，上体直立，两臂自然放松，两手自然放于膝上。

1．1×8 拍

1–4 拍：两肩同时上提，耸肩。

5–8 拍：两肩同时下沉，沉肩。

2．2×8 拍

1–4 拍：完成 1 次 1×8 拍的动作。

5–8 拍：重复 1–4 拍的动作。

3．3×8 拍

1–4 拍：左肩完成一次耸肩、沉肩动作。

5–8 拍：右肩完成一次耸肩、沉肩动作。

4．4×8 拍

同 3×8 拍。

5．5×8 拍

1–4 拍：两肩同时向前绕环 1 周。

5–8 拍：同 1–4 拍，但方向相反。

6．6×8 拍

1–4 拍：两肩同时向后绕环 1 周。

5–8 拍：同 1–4 拍，但方向相反。

（六）踢腿动作组合，8×8 拍

预备姿势：盘腿坐地，两手后撑。

1. 1×8 拍

1–2 拍：左腿向上屈膝，脚尖点地。

3–4 拍：小腿向上伸直。

5–6 拍：同 1–2 拍。

7–8 拍：还原。

2. 2×8 拍

同 1×8 拍，换右脚做练习。

3. 3×8 拍

1–4 拍：左腿向上踢腿 2 次，右腿伸直不变。

5–8 拍：右腿向上踢腿 2 次，左腿伸直不变。

4. 4×8 拍

1–8 拍：两臂经前向后，上体控制后倒成仰卧。

5. 5×8 拍

1–8 拍：左腿向前大踢腿 2 次。

6. 6×8 拍

1–8 拍：右腿向前大踢腿 2 次。

7. 7×8 拍

1–8 拍：两手握左腿搬腿。

8. 8×8 拍

1–8 拍：两手握右腿搬腿。

（七）压腿组合，6×8 拍

预备姿势：直腿坐地，手臂三位。

1. 1×8 拍

1–4 拍：上体前压，两臂保持三位前伸。

5–8 拍：还原。

2. 2×8 拍

1–8 拍：2 拍 1 次向前压腿 4 次。

3. 3×8 拍

1–2 拍：两腿尽量向外分开，成分腿坐，同时上体前压，手臂分成七位。

3–4 拍：上体直立，手臂保持七位。

5–8 拍：同 1–4 拍。

4. 4×8 拍

1–4 拍：上体左转面对左腿，向左侧压腿 2 次，同时两手自然扶地。

5–8 拍：同 1–4 拍，换右腿练习。

5. 5×8 拍

1–8 拍：上体正对前方，向左侧压腿 2 次，左手自然前撑地，右臂至三位。

6. 6×8 拍

同 5×8 拍，但方向相反。

（八）地上动作综合组合练习，12×8 拍

预备姿势：直腿坐地，上体前压靠近腿，两手自然扶腿。

预备姿势：上体逐渐直立，两臂由前经三位从两侧分开，放于体侧。

1. 1×8 拍

1–4 拍：两踝做由外向内的绕环 1 周，同时伴随着膝关节的屈伸动作。

5–8 拍：两踝做由内向外的绕环 1 周，膝关节动作同 1–4 拍，抱紧腿。

2. 2×8 拍

1–2 拍：两膝向上，小腿内收，脚尖点地含胸低头，两手臂抱紧腿。

3–4 拍：两腿伸直还原。

5–8 拍：两小腿内收，成盘腿坐，同时上体直立，两臂至三位。

3. 3×8 拍

1–4 拍：身体左转 90°，左腿屈腿靠地面，右腿屈腿脚尖点地，膝向上，同时左手撑地，右手臂做压掌（图 3-265）。

图 3-265

5–8 拍：同 1–4 拍，但方向相反。

4. 4×8 拍

1–4 拍：上体做盘腿左侧滚动转体 180°成盘腿坐，两手扶膝。

5–8 拍：同 1–4 拍，但方向相反。

5. 5×8 拍

1–4 拍：两腿伸直，成分腿坐，同时左侧压掌，右手穿掌向右侧，上体向右侧挺胸，头部转向右侧（图 3-266）。

5–8 拍：同 1–4 拍，但方向相反。

6. 6×8 拍

1–4 拍：右腿开始做五龙绞柱，同时上体后倒。

5–8 拍：向右侧滚动一周半，成侧卧。

7. 7×8 拍

1–4 拍：左腿向侧大踢腿 2 次，右臂伸直扶地，左臂体前撑地。

5–6 拍：左腿做屈膝收腿 1 次，手臂不变。
7–8 拍：左腿左侧大踢腿 1 次，手臂不变。
8. 8×8 拍
1–4 拍：地上侧屈体抱腿含胸。
5–8 拍：上体后展，两腿伸直后展，成反弓，两臂至三位（图 3-267）。
9. 9×8 拍
1–8 拍：同 7×8 拍，但方向相反。
10. 10×8 拍
1–8 拍：同 8×8 拍，但方向相反。
11. 11×8 拍
1–4 拍：右腿开始做五龙绞柱 1 次。
5–8 拍：右腿跪撑，左腿向侧直腿点地，上体向右侧低头，两臂斜上举（图 3-268）。

图 3-266

图 3-267

图 3-268

12. 12×8 拍
1–8 拍：同 11×8 拍，但方向相反。

二、姿态组合练习

（一）芭蕾手位姿态组合，4×8 拍

预备姿势：左脚前三位站立，一位手。
1. 1×8 拍
1–4 拍：手臂从一位到二位，左脚前擦至点地，两眼平视前方（图 3-269）。

图 3-269

5–8 拍：手臂从二位到三位，左脚画圆至侧点地，抬头右转 45°（图 3-270）。

2. 2×8 拍

1–4 拍：手臂从三位到四位（右臂到二位），左脚画圆至后点地，同时成右脚在前的弓步（图 3-271）。

5–8 拍：腿部动作不变，右臂从二位打开成五位。

3. 3×8 拍

1–4 拍：手臂从五位到六位，同时收回左脚经半蹲三位站立（图 3-272）。

5–8 拍：手臂从六位到七位，脚部动作不变（图 3-273）。

4. 4×8 拍

1–8 拍：手臂从七位还原成一位。

重复做，可改变脚的方向。

（二）芭蕾姿态组合，8×8 拍

预备姿势：身体面对 2 点，成左脚在前的三位站立，手臂一位。

1. 1×8 拍

1–4 拍：手臂从一位到二位，同时左脚向前擦地前点地（图 3-274）。

图 3-270　图 3-271　图 3-272　图 3-273　图 3-274

5–8 拍：手臂从二位到右手在上左手在侧的五位，头左转 45°，脚的动作不变（图 3-275）。

2. 2×8 拍

1–8 拍：右臂从三位开始向后轮臂，左臂到三位，右臂到一位，同时右腿半蹲，左脚前点地（图 3-276）。

3. 3×8 拍

1–4 拍：手臂从三位合到二位，同时重心前移成四位蹲，重心在两腿之间（图 3-277）。

5–8 拍：手臂从二位分开成右臂向前，左臂向侧的姿势，同时，重心前移到左脚，右脚后点地（图 3-278）。

4. 4×8 拍

1–8 拍：手臂回到一位，同时收右腿立踵向右转体 270°，右脚在前的三位站立。

5. 5×8 拍 ~8×8 拍

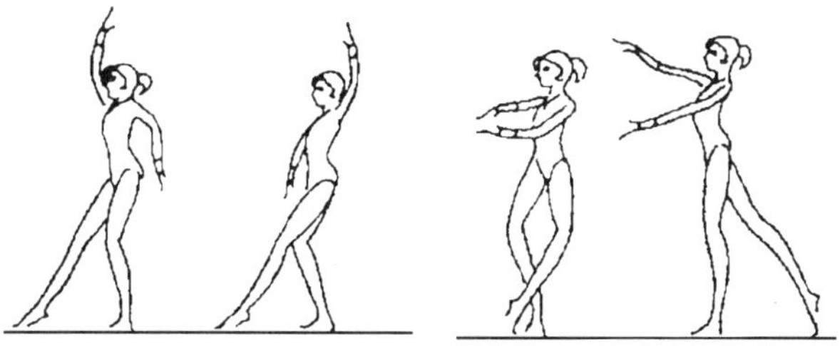

图 3-275　　图 3-276　　图 3-277　　图 3-278

同 1×8 拍 ~ 4×8 拍的动作，但方向相反。

（三）古典手位练习，6×8 拍

预备姿势：两手后背，脚呈丁字步站立。

1．1×8 拍

1–8 拍：右臂侧起经托掌下切成单三膀（图 3-279）。

2．2×8 拍

1–8 拍：左臂做 1×8 拍的动作成双三膀（图 3-280）。

3．3×8 拍

1–4 拍：左脚左上侧一步，右脚左后侧点地，同时左手提襟右手按掌（图 3-281）。

5–8 拍：右脚右后侧一步，左脚左斜前方点地，左手动作不变，右手做斜托掌（图 3-282）。

4．4×8 拍

1–4 拍：左脚右侧一步，右脚右后侧点地，同时手臂经胸前交叉做顺风旗（图3-283）。

图 3-279　　图 3-280　　图 3-281　　图 3-282　　图 3-283

5–8 拍：脚的动作不变，手臂做托按掌（右手上托，左手按掌）（图 3-284）。

5．5×8 拍

1–8 拍：右脚收成左脚在前的丁字步，手臂做双托掌（图 3-285）。

6．6×8 拍

1–4 拍：左脚左侧一步成弓步，右脚左后侧点地，手臂做冲拳动作（图 3-286）。

5–8 拍：右脚收成丁字步，手臂做提襟（图 3-287）。

图 3-284　　图 3-285　　图 3-286　　图 3-287

(四) 古典手拉手练习，6×8 拍

预备姿势：左脚在前丁字步站立，两手后背。

1. 1×8 拍

1–8 拍：右脚左后侧点地，同时右臂经上托掌，切掌拉开成单三膀，左手后背。

2. 2×8 拍

1–4 拍：脚的动作不变，两臂胸前交叉在右手上托掌的顺风旗。

5–8 拍：脚的动作不变，两手从顺风旗姿势回到下垂，再从两侧分开成双托掌。

3. 3×8 拍

1–8 拍：右脚右侧一步半蹲，左脚前点地，左臂拉开成三臂成托按掌。

4. 4×8 拍

1–8 拍：右脚右侧一步，左脚右侧一步成踏步蹲，同时，手臂成托按掌。

5. 5×8 拍

1–8 拍：身体慢起，左脚上前一步呈丁字步，上体从右侧拧转成双托掌。

6. 6×8 拍

1–4 拍：右脚上步交叉转体。

5–8 拍：左脚在前丁字步站立，同时手臂做提襟。

三、手臂摆绕环与波浪练习

(一) 手臂摆动与波浪，4×8 拍

预备姿势：直腿并立，手臂一位。

1. 1×8 拍

1–2 拍：双膝弹动 1 次，同时左右臂前后摆 1 次。

3–8 拍：双膝在 4 拍和 6 拍时各弹动 1 次，两臂从前后平举开始向前后方向摆臂 1 周回到一位。摆臂成左手前平举，右手后侧举。

2. 2×8 拍

同 1×8 拍，但手臂方向相反。

3. 3×8 拍

1–2 拍：左脚右侧一步，右脚侧点地，同时两臂向左摆动至水平。

3-4 拍：重心移至右脚，左脚尖侧点地，同时两臂从左侧经下摆动至右平举。

5-6 拍：右脚并左脚立踵，同时两臂经右经下、左、上绕环 1 周。

7-8 拍：同 1-2 拍。

4．4×8 拍

同 3×8 拍，但方向相反。

（二）手臂摆动向绕环练习，4×8 拍

预备姿势：并腿站立，手臂一位。

1．1×8 拍

1-2 拍：两臂同时前摆至水平，双膝弹动 1 次。

3-4 拍：两臂从水平下摆至下垂，双膝弹动 1 次。

5-6 拍：两臂同时做侧摆至水平，双膝弹动 1 次。

7-8 拍：两臂摆动收回，双膝弹动 1 次。

2．2×8 拍

同 1×8 拍。

3．3×8 拍

1-2 拍：左脚左侧一步，右脚尖侧点地，同时，右臂前摆至水平，右臂侧摆至侧平举。

3-4 拍：右脚收回与左脚并立，同时两臂收回到一位。

5-8 拍：双膝弹动 1 次，同时手臂做左臂前摆，右臂侧摆至水平，收回。

4．4×8 拍

同 3×8 拍，但方向相反。

（三）波浪练习，6×8 拍

预备姿势：并腿站立，手臂一位。

1．1×8 拍

1-4 拍：两臂向前做小波浪 1 次，不超过 45°。

5-8 拍：两臂向前做中波浪 1 次，不超过 90°。

2．2×8 拍

1-8 拍：两臂向前做大波浪 1 次，不超过 135°。

3．3×8 拍

1-4 拍：两臂向前做小波浪 1 次，不超过 45°。

5-8 拍：两臂向前做中波浪 1 次，不超过 90°。

4．4×8 拍

1-8 拍：两臂向前做大波浪 1 次，不超过 135°。

5．5×8 拍

1-4 拍：右脚向前 1 次，左脚后点地，右臂向右侧做水平波浪 1 次，左臂自然下垂。

5-8 拍：同 1-4 拍，但方向相反。

6．6×8 拍

1-4 拍：左脚上前一步两脚并立，同时屈伸 1 次，两臂由内向外交叉分开成斜上举。

5–8 拍：两腿屈伸 1 次，同时两臂经上举交叉绕环到水平举做 1 次波浪。

（四）波浪练习，4×8 拍

预备姿势：两腿并立，手臂一位。

1. 1×8 拍

1–4 拍：两臂同时向左侧 45°做 1 次波浪。

5–8 拍：两臂同时向左侧 45°做 1 次波浪。

2. 2×8 拍

1–4 拍：左脚上前做一步，重心前移，右脚后点地，同时两臂向左侧做波浪 1 次。

5–8 拍：同 1–4 拍，但方向相反。

3. 3×8 拍

1–4 拍：左脚上前一步，重心前移，右脚后点地，同时两臂向左侧做波浪 1 次。

5–8 拍：同 1–4 拍，但方向相反。

4. 4×8 拍

1–4 拍：左脚上步并立，同时屈膝含胸，两臂向前交叉。

5–8 拍：伸膝，同时展胸，两臂向外展开。

四、跳步组合练习

（一）一位小跳组合，2×8 拍

预备姿势：两脚一位站立，手臂一位。

1. 1×8 拍

1–4 拍：连续 3 次一位小跳，第 4 次小跳落地成半蹲，第 4 拍还原成站立，前 3 拍手臂保持一位，第 4 拍手臂打开成七位。

5–8 拍：同 1–4 拍。

2. 2×8 拍

1–2 拍：一位小跳 2 次，轻跳，手臂一位。

3 拍：高腾空一位小跳，同时两腿距离稍分开，手臂从一位打开至七位。

4 拍：落地，还原成开始姿势。

5–8 拍：同 1-4 拍。

（二）二位、五位小跳组合，2×8

预备姿势：两脚五位站立，手臂一位。

1. 1×8 拍

1–2 拍：五位跑起，二位落地，手臂从一位经二位至七位。

3–4 拍：二位跳起，五位落地，手臂从七位收回一位。

5–8 拍：同 1–4 拍。

2. 2×8 拍

1–8 拍：五位交换跳每小跳 1 次转体 90°，2 拍 1 次，跳 4 次，手臂七位。

（三）中跳组合，2×8 拍

预备姿势：三位脚站立，一位手臂。

1. 1×8 拍

1–2 拍：双脚起跳，左脚落地射燕跳一次，手臂做顺风旗（图 3-288）。

3–4 拍：右脚上步，吸腿，脚方向面向 3 点，身体面向 1 点，左手叉腰，右臂做单三膀（图 3-289）。

5–8 拍：同 1–4 拍，但方向相反。

2. 2×8 拍

1–2 拍：左脚上前一步，右脚在左脚前交叉，同时转体 180°做云手。

3–4 拍：左脚在前丁字步站立，左臂前屈肘剑指，右臂斜前方向臂剑指（图 3-290）。

5–6 拍：右脚上前一步，左脚在右脚后交叉做翻身。

7–8 拍：右脚右侧一步，左脚后侧成弓步，右手叉腰，左臂做单三膀（图 3-291）。

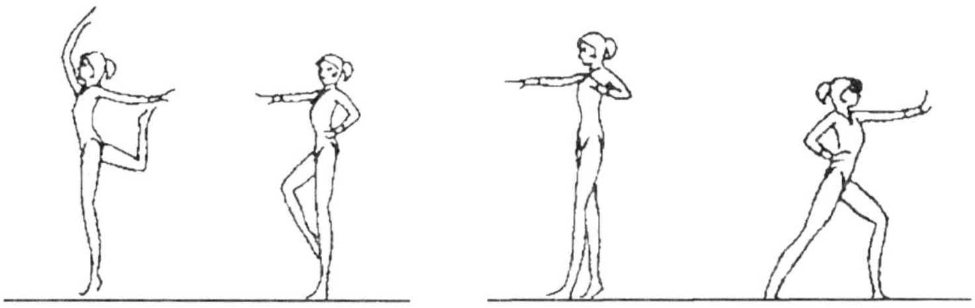

图 3-288　图 3-289　图 3-290　图 3-291

五、进行间组合练习

（一）柔软步组合，4×8 拍

预备姿势：立正。

1. 1×8 拍

1–2 拍：左脚向前做柔软步 1 次，右脚再向前做柔软步 1 次，同时左臂向前水平摆臂 1 次，右臂自然下垂。

3–4 拍：脚步动作同 1–2 拍，左臂做侧向水平摆臂 1 次。

5–6 拍：同 1–4 拍，换右臂做动作。

2. 2×8 拍

1–4 拍：左脚开始向前做柔软步 4 次，两臂同时做出前水平摆臂。

5–8 拍：脚步动作同 1–4 拍，两臂同时向两侧水平摆臂 1 次。

3. 3×8 拍

1–4 拍：左脚开始向前做柔软步 4 次，两臂同时向左侧做水平摆臂 1 次。

5–8 拍：脚步动作同 1–4 拍，两臂同时向左侧做水平摆臂 1 次。

4. 4×8 拍

1–4 拍：脚步动作同 3×8 拍中的 1–4 拍，两臂由内交叉绕环至斜上举。

5–8 拍：脚步动作同 1–4 拍，两臂由外交叉绕环至斜上举。

(二)脚尖步组合,4×8 拍

预备姿势:立正。

1. 1×8 拍

1–8 拍:左脚开始向前做脚尖步 8 次,手臂从二位、三位、七位至回一位,每个部位停顿 2 拍。

2. 2×8 拍

1–4 拍:左脚开始向前做脚尖步 4 次,左臂七位,右臂从一位经左侧到三位打开至七位。

5–8 拍:脚步动作同 1–4 拍,手臂动作方向相反。

3. 3×8 拍

1–4 拍:左脚开始脚尖步 4 次同时向左转 360°,左臂三位,右臂七位。

5–8 拍:左脚开始向前做脚尖步 4 次,两臂从一位分开成右臂斜上举,左臂斜下举。

4. 4×8 拍

同 3×8 拍,但方向相反。

(三)跑步组合,4×8 拍

预备姿势:立正。

1. 1×8 拍

1–4 拍:左脚开始向前跑 4 步,两臂自然摆动。

5 拍:双腿屈膝并跳,前顶髋,两手胸前交叉握,低头。

6 拍:伸膝并跳,上体前压挺胸,头左转,两臂向前伸直,两手交叉握,掌心向前。

7 拍:同 5 拍。

8 拍:同 6 拍。

2. 2×8 拍

1–4 拍:左脚开始向前跑 4 步,两臂自然摆动,头向前方。

5–6 拍:左脚左侧一步成左弓步,同时两手在左肩上击掌 2 次。

7–8 拍:同 5–6 拍,但方向相反。

3. 3×8 拍

1–4 拍:同 1×8 拍中的 1–4 拍。

5–6 拍:左脚上前一个并步,同时右臂前摆,左臂侧摆。

7–8 拍:同 5–6 拍,但方向相反。

4. 4×8 拍

1–4 拍:同 1×8 拍中的 1–4 拍。

5 拍:左脚向前跑一步,同时右后转体 180°,两手在体前击掌 1 次。

6 拍:右脚向后退一步,同时右后转体 180°,两手在体后击掌 1 次。

7 拍:同 1×8 拍中的 5 拍。

8 拍:同 1×8 拍中的 6 拍。

(四)弹簧步练习,4×8 拍

预备姿势:立正。

1. 1×8 拍
1–4 拍：左脚开始向前做弹簧步 4 次，前面 2 次，两手叉腰。
5–6 拍：左拧腰，右肩向前。
7–8 拍：右拧腰，左肩向前。
2. 2×8 拍
同 1×8 拍。
3. 3×8 拍
1–2 拍：左脚上步向前做弹簧步 1 次，向右拧腰，左肩向前，手臂动作向前水平摆动。
3–4 拍：右脚上步向前做弹簧步 1 次，身体动作同 1–2 拍，手臂向后自然摆动。
5–6 拍：同 1–2 拍，但手臂向前摆动至三位。
7–8 拍：同 3–4 拍，但手臂向后摆动至三位。
4. 4×8 拍
同 3×8 拍，但方向相反；第 8 拍，右膝落地三位立踵。

（五）滚动步练习，4×8 拍

预备姿势：双脚并立，两手叉腰。
1. 1×8 拍
1–8 拍：左脚开始原地做滚动步 4 次，两手叉腰。
2. 2×8 拍
1–8 拍：左脚开始向前做滚动步 4 次，两手叉腰。
3. 3×8 拍
1–8 拍：左脚开始做滚动步 4 次，同时每做一个滚动步向左转体 90°，两手叉腰。
4. 4×8 拍
1–4 拍：左脚开始向前做滚动步 4 次，两手上穿打开再叉腰，右肩向前，左肩向后。
5–8 拍：同 1–4 拍，但上肢动作方向相反。

（六）跑跳步练习，8×8 拍

组合开始队形：圆，变成两排。
预备姿势：立正。
1. 1×8 拍
1–4 拍：左脚开始面向圆心做跑跳步 4 次，同时两臂从两侧逐渐斜上举，掌心相对。
5–7 拍：左脚开始原地做跑跳步 3 次，同时两臂上举击掌 3 次。
8 拍：左腿半蹲，右腿伸直，脚跟点地，上体左转 90°，侧对圆心，右臂水平与右腿方向一致，左臂三位。
2. 2×8 拍
1–8 拍：面向圆外，动作同 1×8 拍，但方向相反。
3. 3×8 拍
1–4 拍：左脚开始做跑跳步 4 次，同时原地转体 360°，两手叉腰。
5 – 7 拍：右脚开始原地后踢腿跑，两手叉腰。
8 拍：右腿半蹲，左腿弹出，腿跟点地，两手叉腰。

4. 4×8 拍

1–8 拍：左脚开始做跑跳步 8 次，同时胸前击掌 8 次，队形由圆形变成两排。

5. 5×8 拍

1–8 拍：前排左脚开始向左做跑跳步 8 次，后排右脚开始向右做跑跳步 8 次，前后排均拉手。

6. 6×8 拍

1–8 拍：前后排动作同 5×8 拍，但方向相反。

7. 7×8 拍

1 拍：左脚蹬地小跳，向左侧右吸腿身体面向前方，两排均拉手。

2 拍：右脚落地站立，拉手不变。

3–4 拍：同 1–2 拍。

5–8 拍：同 1–2 拍，但方向相反。

8. 8×8 拍

1 拍：左脚蹬地小跳，右脚向左斜下方小踢腿，两排均拉手。

2 拍：右脚收回站立，拉手不变。

3–4 拍：同 1–2 拍，但方向相反。

5–7 拍：右脚开始原地做后踢腿跑 3 次。拉手不变。

8 拍：右腿半蹲，左脚前伸，脚跟点地，两手后背。

（七）波尔卡舞步组合，4×8 拍

预备姿势：双脚并立，两手臂在体前交叉相拉。

1. 1×8 拍

1–6 拍：左脚开始小跳向前做波尔卡舞步 3 次，上体随动作两人同时稍向左、右扭转。

7 拍：右脚原地小跳 1 次，落地时稍屈膝，同时左脚尖前点地，上体稍后倾，眼看 2 点。

8 拍：右脚原地小跳 1 次，落地时稍屈膝，同时左腿后摆，脚尖点地，上体稍前倾。

2. 2×8 拍

同 1×8 拍，但方向相反。

3. 3×8 拍

1–2 拍：左脚向前做波尔卡步 1 次。

3–4 拍：右脚向前做波尔卡步 1 次。

5 拍：左脚向左前方伸出，脚跟触地。

6 拍：左脚收回在右脚外侧脚尖点地。

7–8 拍：左脚向前做波尔卡步 1 次。

4. 4×8 拍

同 3×8 拍，但方向相反。

（八）华尔兹练习，4×8 拍

预备姿势：左脚在前三位脚站立。

1. 1×8 拍

1 拍：右脚开始向右侧做华尔兹，两臂屈肘后贴于腰间，向右拧腰，头转向 8 点。

2 拍：同 1 拍，但方向相反。

3–4 拍：同 1–2 拍。

5 拍：右脚向右斜 45°方向做向前华尔兹，两臂一位至三位，低头含胸。

6 拍：左脚向左斜 45°方向做向前华尔兹，两臂由上举向左右打开成左臂斜上举，右臂侧举，抬头挺胸，头面向 8 点。

7–8 拍：同 5–6 拍。

2．2×8 拍

1 拍：右脚开始做向左转体 180°的转体华尔兹，左臂由后向前摆至三位，右臂三位。

2 拍：左脚开始做向右转体 180°的转体华尔兹，右臂由前向后绕环一周成三位，左臂三位。

3–4 拍：同 1–2 拍。

5 拍：右脚开始做向右侧华尔兹，身体向左侧屈，同时做右臂波浪起成侧上举，左臂波浪下落成侧斜下举。

6 拍：同 5 拍，但方向相反。

7–8 拍：同 5–6 拍。

3．3×8 拍

1 拍：右脚开始做向后退华尔兹，上体向右拧腰，同时两臂从侧平举摆至前后平举。

2 拍：同 1 拍，但方向相反。

3–4 拍：同 1–2 拍。

5 拍：右脚向右斜前方做华尔兹，同时两臂摆至右斜上方。

6 拍：左脚向左后斜方做华尔兹，同时手臂摆至右手三位，左手一位。

7–8 拍：右脚开始向前做华尔兹 2 次，手臂做向侧小波浪。

4．4×8 拍

同 3×8 拍，但方向相反。

【课后作业】

1. 编一节 8×8 拍的下肢练习。
2. 编一节 8×8 拍的小踢腿和擦地的综合练习。
3. 编一节 4×8 拍的舞姿练习。
4. 编一节 8×8 拍变换步组合练习。
5. 根据自己的情况，编一套姿态的组合练习。

第四章 气质训练

在日常生活中，人们常会有意或无意提到“气质”一词，提到气质与人的素质之间的关系。形体人人都具有，但形体美却不是人人皆有。同样，气质也是人人有之，可有的人表现出的是粗俗、不雅，令人嗤之以鼻；而有的人则表现出典雅、文明、仪态大方。前者即使有良好的形体，但给人的印象仍会是不美，感到气质较差；相反，后者即使是没有前者所具有的良好形体，但给人的感觉仍是高雅的，气质会远远超过前者。

因此，我们可以看到，人的美不仅仅是体型美、体态美、体姿美，同时更为重要的是气质的美。人的形体随着岁月的流逝会发生变化，青春的魅力也难以持久，不可控制。而具备了良好的气质却不会随着时间的流逝而衰退。相反，它能长久保留，以致能弥补岁月带给形体的缺憾。气质是一种看得见、体会得到的东西，它通过人的身体姿态、动作姿势、行为、表情、言语等方面表现出来，身体只是气质的载体，气质通过身体外现于人们的面前。气质更多地受一个人文化、思想、教养、性格等多因素的影响，它是这诸多因素内在积淀的外化表现，人的言行举止均深深烙上了气质的痕迹。

气质，它究竟是什么？是先天即有，或是经过后天培养获得？怎样才能获得良好的气质？

气质，它究竟是什么？气质是人的人格或个性特征，它体现着人的心理活动并对行为起着动力的作用。

气质是指有机体的，主要是由生物决定的相当稳定的特点，它仅仅由外部特质表现出来，而这些特质构成了行为能量水平和时间特点。环境引起气质变化，在个体生长发育中气质会发生改变，因此，改变外界环境的刺激可改变气质。通过一些特定的训练可使人的气质向着既定的方向改变，例如，各种素养的建立以及一些心理性的专门训练均可以使人的气质更加完善，更符合社会对人的要求。因此，后天的培养可获得良好的气质。

第一节　气质的概念及类型

一、气质的概念

按心理学的观点，气质是人的心理活动的稳定的动力特征。所谓的动力特征就是指心理活动发生时力量的强弱、变化的快慢、均衡的程度等。这种动力性特征在人的情绪和言行上表现得尤为突出。因而，我们会发现有的人热情、奔放、生机勃勃，而有的人则冷静、沉着、沉默寡言；有的人思维敏捷、动作灵敏，而有的人则行动迟缓、反应迟钝。这些表现正是气质外化的结果。正因为有如此多的气质类型的外现，才使得人类社会表现出丰富多彩的个性与风格。

二、气质的生理基础及类型

对于气质现象给予最早关注的是古希腊的医生希波克拉底和盖伦。他们认为，人的许多情绪的变化与人体内的某些物质的多少有关，并且用这物质的多少解释气质的不同。如有的人易怒、感情冲动是由于黄胆汁多；有些人热情、活泼是由于血液过多；有些人冷静、沉着是由于黏液过多；还有一些人反应迟钝、动作迟缓则是由于黑胆汁过多的缘故。根据以上的分析，人的气质一般对应分为四类：兴奋的胆汁质、活泼的多血质、安静的黏液质和抑制的抑郁质。

美国的心理学家谢尔顿经过研究发现人的气质与体型有密切的关系。他认为人的体型可分为三类，而相对应的气质亦为三种：

1. 内胚叶型

其特征为肥胖、体态松弛、多脂、骨骼和肌肉与其相关组织发展较弱。相对应的气质为体内型。这类人群善于社交、热情、追求舒适，他们希望得到较好的评价，情感反应良好。

2，中胚叶型

其特征为四肢肌肉发达，身体强壮，体态线条分明。相对应的气质为躯体型。这类型人群精力充沛，活泼好动，能经受住身心两方面的严峻考验，具有外向性格。

3. 外胚叶型

其特征为瘦小细长、体态呆板、肌肉多筋、反应灵敏、容易疲劳。相对应的气质为脑髓型，这类人群沉默寡言，容易受到外界的干扰和暗示，能克制情绪的外露，具有内向性格。

谢尔顿的发现给气质的分类提供了另一幅有趣的画面。而现代人们普遍较为接受的气质类型分类的生理基础为巴甫洛夫的高级神经系统的理论。巴甫洛夫认为，神经的活动类型分为四种（图4-1）。其划分的依据主要是由高级神经活动的特征决定的。它们主要包括神经活动的强度、均衡性、灵活性等。

- 神经类型
  - 强型
    - 活泼型：热情活泼，工作效率高，机智敏锐，善于交际，想象力丰富
    - 安静型：平稳坚定，自我控制力强，态度持重，个性顽强
    - 神经类型兴奋型：脾气急躁，性格直爽，好胜心强，敢于冒险，做事不顾后果
  - 弱型（抵制型）：沉默寡言，敏感，意志薄弱，易消极悲观，富于自我体验，易倦

图 4-1

巴甫洛夫的以上四种神经类型的分类是在大量动物实验的基础上建立起来的。虽然是以动物作为实验对象，但人的神经类型从生理本质上讲与高级动物并没有什么区别，其生理活动的基本规律与高级动物是相一致的，他的学说恰好与古希腊希波克拉底等人的四种气质分类相吻合。因此，我们可以认为，巴甫洛夫关于神经系统的类型学说正是人的气质类型的生理学基础，气质的各种类型的表现，正是其高级神经系统活动的外现。

每个人神经活动的基本特征是生下来就有的，但人出生后的环境影响会使神经活动发生极大的改变。人的发展要受社会发展规律的制约，人已不仅仅是自然的人，而更重要的是社会的人。因而社会的发展，以及人本身所处的社会环境，对人的气质的形成及完善具有决定性的作用。因此，人的气质表现具有社会发展的痕迹，具有多面性。良好的气质是在先天遗传的基础上经后天精心培养而逐渐形成的，后天的培养能让人更具风采。

第二节　气质训练的内容

人的性格、教养、受教育的程度、所处的环境等，对其成长及气质的形成具有重大的作用。一个受到过较高程度教育、有着良好教养、个性鲜明的人，其言谈、行为、举止就会让人感到得体、适当。我们在此论及的气质，更多地是指一种素质，一种建立在良好身体状态下的精神风貌。健康的身体是物质的载体，气质是通过身体的表现而得以体现的。良好的形体，健康的身体，加之优雅高贵的气质，会给人一种赏心悦目的美感。

良好的气质能通过后天的培养、训练而获得，这已是不争的事实。只是这种培养和训练是一个漫长而有意识的过程，它不仅有对身体本身的训练，更多地还是对文化修养和素质的培养。这是一个有目的的行为过程，只有那些主动的、自觉的参与者，才能获得最大的成功。而那些仅靠短时间的突击式的形体训练或瘦身训练的练习者，要想获得良好的气质是不现实的。因为，气质的底蕴是文化长期的积淀，形体美的最终表现是良好的形体加之优雅得体的气质。因此，我们认为气质训练应包括以下的内容（图 4-2）：

- 气质训练
  - 素养训练
    - 素养建立
      - 基本素养：文化知识的建立，智力的发展
      - 相关素养：进行音、体、美、艺、舞等修养的培养
    - 礼仪的培养
      - 基本礼仪：社交礼义
      - 专门礼仪：行业礼仪
  - 专门训练
    - 身体训练：发展身体、促进健康、仪态美、仪表美
    - 心理训练：念动、暗示、模拟、想象训练

图 4-2

一、素养的建立

我们把素养分为基本素养和相关素养。基本素养主要是指人的有关智力发展的部分，即通常所说的文化知识的学习。人的知识的学习过程是一个认识世界、了解世界、完善自身、改造世界的过程。知识能武装头脑、开阔视野，使人心胸开阔、豁达、大气。只有具备了较丰富的知识，掌握了一定技能，人才能立足于社会，实现自我的价值，完成社会对他的要求，也才能做到自尊、自爱、自信、自立，具有完善的人格和不俗的气质。智力的发展是其他素养建立的基础，很难想象，一个没知识、少文化，成天游手好闲，无所事事的人，很难说能对社会有所贡献，更说不上其气质高雅，让人钦佩了。

相关素养是指那些非智力因素的部分，它主要包括音乐、舞蹈、体育、艺术教育等。这些相关素养的建立，对人的气质的形成具有重大的作用。

音乐是通过有组织的乐音表达人的思想、情感，并反映现实生活的一门听觉艺术。音乐能陶冶人的情操、净化人的灵魂、丰富人的情感。图画所不能描绘的，语言所不能表达的，音乐往往能曲尽其蕴，表现内心世界，引起心弦的共鸣。节奏的起伏和音调的变化，往往切合人心的细微变化。个人的性格、民族的特征以及时代的精神都可以从音乐中窥探出。音乐所具有的这些审美、教育、娱乐功能，能让接受它的人受益，特别是对于人的审美能力和审美情感的培养有着不可替代的作用。

舞蹈是以人自身有韵律的形体动作去抒发内心感情的一种艺术形式。它既能让人去欣赏、观摩，也能投身其中进行练习。经常观赏各类舞蹈，能有意识地培养对艺术的鉴赏力，加深对音乐的理解，继而提高其审美能力。这对于丰富人的内心世界具有较大的作用。投身其中进行全面的舞蹈练习，则有利于形成良好的身体姿态，使身体动作协调、灵敏。

体育是以身体活动为手段的教育。良好的身体是一切的基础。发达的肌肉、健壮的骨骼、优美的身体曲线，加之勃勃的生气，能使人有一种蓬勃向上，精神饱满之感，这一切均是建立在健康身体基础之上的。没有健康的身体就无从谈姿态美、形体美。体育锻炼能强身健体，也能从形态上、机能上完善人体，同时还能锤炼人的意志，对人的意志、品格、人格以及个性等均有良好的影响。总之，体育锻炼能使人顽强、自信、活泼、乐观，勇于面对挑战。

艺术包括文学、绘画、雕塑、影视、戏曲、建筑等。进行艺术教育能让人通过视觉或听觉去体会和审视外界所发生的一切，借助其他各自的艺术形式，如美术的色彩、线条，影视的人物或雕塑的造型等在时空的变化中反映现实，表达人的审美感受，使人受到美的教育和熏陶，长期进行艺术教育，能使人在潜移默化中形成良好的气质。

我们可以看到，一个人良好气质的建立与形成并不是短时间能做到的，它是一个日积月累的过程，而其中基本素养的建立最为重要。只有首先具备了一定的基本素养，才能谈及气质的培养。同时也应该看到，气质的形成与完善过程是一个长期、系统的过程，必须付出艰辛的努力才能得以实现。

二、礼仪培养

人除了具有自然属性外，还具有社会属性。在社会生活中，人要与他人进行交流，要与他人共同相处、相存。随着社会文明程度的逐渐提高，人们对于彼此之间的交往与相处就有了一定的要求与制约，形成了一定的行为规范及行为准则，礼仪随即产生。一个人对人、对己的态度在一定程度上体现了个人的精神面貌、受教育的程度及气质风范。因而作为一个文明社会的人就要注意自己的言行举止，要有礼貌，守纪律，讲道德，尊重他人，遵守社会公德。坐、立、行均要得体，不矫揉造作。说话注意场合，不在公众场所大声喧哗，与人交谈也要注意分寸，不随便议论他人。谈话时语音要适中，言语文明，语速平缓，语言简洁。在与不熟悉的人交谈时，还要注意保持适当的谈话距离。谈话时的姿势要端正，不应左右晃动、左顾右盼、不停地改变身体的姿势。衣着服饰也应根据场合及谈话的对象而定，不宜着奇装异服。总之，在与人相处时，只要本着尊重他人、文明行事、注意自身的言行，就能给人以文雅大方之感。

专门礼仪，是指那些专门从事某种职业所应具有的行为规范及准则。如教师，就应具有教书育人、为人师表、品格高尚等品质；科学工作者应表现为勇于探索、不断创新、诚实、实干；服务行业人员则应表现为文明礼貌，为他人着想，工作热情、周到。不同的行业对其从业人员有着不同的要求和规范，其职业道德的标准亦有所不同。所以从事不同职业的人，就有其不同的气质风范。只有那些具有良好职业道德、敬业、爱岗的人，才会给人以良好的印象。

第三节　气质的专门训练

气质的培养过程是一个长期的、系统的、有意识的过程。人的神经类型、个性对人的气质有一定的影响。但后天有目的、有意识的训练能使人的气质更加完善，更加符合社会对人的要求。因此，气质的培训对形成良好的气质具有深远的意义。

气质的培养过程不是一个单独、孤立、片面的过程，是伴随着其他素养的建立而形成的。在建立一定的素养的同时，气质也逐渐地被积累、沉淀，最后形成自己独特的风格。气质的类型也不是一个人一种，人的气质由于社会、环境、教育、教养、培训的不同，也会显现出其复杂性和多面性。有的人也许兼有两种类型的气质特征，而有些人则介于两类之间。因此，我们所说的训练并不是针对某一类型进行的训练，而是作一个总体的要求，在自有风格的基础上扬长避短，吸纳其他类型好的方面来完善自己。

当然，在整个素养的培训过程中，我们还应进行一些专门的训练，通过这些训练来对气质进行强化，进行专门的培养。只有这种专门的培养，是建立在基本素养和礼仪训练基础之上的，是让人内在素养外化的过程。通过对身体训练的同时，让人去听、去看、去想、去体会外部世界的变化，结合所学的理论知识，让内在的情感与外部的身体动作相结合，做到内外的结合和统一。同时对思想深处的素质积淀，通过规范化、具有引导性的身体动作得以外化，这种外化的过程也就是我们所看到的气质训练。

气质的专门训练分为一般的身体训练与心理训练两大类。一般的身体训练包括有形体训练、健身训练、健美训练等（此部分的内容及方法在前面的章节里作了详细的、系统的介绍）。心理训练则是在身体训练的基础上进行的针对思想的训练，它是一个更高层次的训练手段，是建立在训练者对身体动作、动作意识有一个初步认识、了解的基础上进行的。心理训练包括有念动训练、自我暗示训练、模拟训练等。

一、念动训练

念动训练是对平时的身体训练的一种补充训练。它是通过对动作的回忆或想象来实现的。通过想象或回忆某种运动动作，就能引起神经肌肉的相应变化。例如，请舞蹈家想象表演的动作，同时记录其腿上的肌肉电流，就可以看到肌肉的电流有明显的变化。

这表明通过想象动作技术就能使参与这些动作的肌肉“行动”起来，动员它们投入到你所想象的运动状态中。此时你并没有真正的身体动作，然而做到这些动作的肌肉则已伴随着你想象的动作而活跃起来。你想象的动作越优美、准确，则动员的肌肉也相应较准确。这避免了实际做动作时的一些不必要的、不协调的、不精确的肌肉动员。同时经常进行这类训练，还能有效地促进正确动作、精细动作的掌握，对于矫正姿态、修正不良的动作习惯有着良好的作用。这种训练适宜在身体训练的中后期进行，在练习者对练习内容具有正确的认识和掌握的基础上进行。

训练时，要求练习者在一安静之处卧或坐，闭上双腿，深呼吸几次，集中注意力，排除一切杂念，进行你要想象的动作练习。例如，想象你用最完美的动作姿势去完成某一段形体训练内容，想象的这些动作要尽可能生动、具体、详细。设想你所表达的最美的仪态感受、行为举止、语言的表达等。在想象中，你自己要完全沉浸在一种充满自信、快乐、顺畅的气氛中，用心去感受自己所想象的那种宁静、高雅的氛围。这样的训练不仅可以修正自己不正确的姿态，同时还能培养自己良好的气质，使内有的气质因素与外形身姿融为一体。这样的训练每次时间宜在 5 ~ 10 分钟，可在形体训练之前、之后或休息期间进行。在有条件的情况下，还可以音乐作背景，可以选择那些训练用的伴奏音乐，也可选取一些柔美、抒情的音乐，但音量不宜过大。

二、自我暗示训练

这是一种自己指导自己的心理训练方法。它对建立自信心、控制自己的心态、建立健康的人格具有良好的作用。自我暗示训练法是 20 世纪 30 年代由德国精神病学家舒尔茨根据印度瑜伽术而创造的。最开始是对病人的治疗，以后有人又运用它去训练舞蹈演员及运动员，均获得了较大的成功。

自我暗示训练法是利用人的第二信号系统，也就是语言思维系统，用一定的语言暗示自己，使自己进入所提示的意境，达到自我要求的目的。自我暗示使用得当，能使紧张的神经得到松弛，消极的情绪得到鼓舞，不足的信心得到增强。总之，它能达到练习者意想不到的效果。

训练时，要求练习者选择一种适合自己的姿势，闭上双眼，告诉自己已处于一种安静、放松的状态，同时调整呼吸、加深呼吸并放慢呼吸，全身的肌肉也跟着放松，然后用语言暗示自己。例如，默默地告诉自己：我的身体很轻盈，我的每一个动作都很轻巧，我的行为和举止很高贵、典雅，让自己在暗示中尽情想象。同时所用的暗示语言要尽可能生动、形象，富于感情色彩，让自己的意识完全融入设想的情景中去。在不自信时暗示自己振作，告诉自己“我能行”、“我能做得很好”；在情绪紧张时暗示自己平静、放松，告诉自己“要镇静”、“我能应付一切”；当行为有所失控时要暗示自己收敛。总之，学会了自我暗示的方法，就能让练习者调节自己的身心，有利于形成良好的心态。

三、模拟训练

模拟训练即让练习者在某种特定的环境下进行有针对性的训练。这是一种想象设身处地的训练方法，能让练习者在静中去体会动。在设定的动中实践自己对动的设计。这种假定的模拟情境，能让练习者提前去体会真实，让其能有一个心理的渐进过程。同时反复的模拟训练，对练习者形成良好的习惯具有巨大的作用。例如，设定某个特殊的社交场所，设定一些特别的人物，让一些特定的事件发生，而身处其中，面对整个事态的发展，练习者要做出适当的反应，做出及时的处理。这实际上是一种适应性的心理训练。通过训练，才能让人对意外的事件、不适应的变化产生适应性，继而采用最适当的处理方法，做出相应的准备，不至于被意外的、突如其来的事件搞得心烦意乱、手足失措。模拟训练既可独自进行，亦可在同伴的协助下进行。情境、条件、对象可以自行设定，事态的发展可以多假设几种，让练习者经过反复训练，达到处乱不惊，沉着、冷静地面对人或事。

【课后作业】

1. 怎样判断自己属于哪一种神经类型？
2. 气质训练包括哪些内容？
3. 运用自我暗示进行一次练习。